Beatriz Santín H.
Lorna Santín H.

Cómo ayudar a los niños con problemas de habla

SELECTOR®
actualidad editorial

SELECTOR®
actualidad editorial
Doctor Erazo 120 Colonia Doctores México 06720, D.F.
Tel. (52 55) 51 34 05 70 Fax. (52 55) 57 61 57 16
LADA SIN COSTO: 01 800 821 72 80

CÓMO AYUDAR A LOS NIÑOS
CON PROBLEMAS DEL HABLA
Autoras: Lorna Leticia Santín Hodges / Beatriz Santín Hodges
Colección: Familia

Diseño de portada: Carlos David Bustamante Rosas

ISBN 10: 970-803-062-7
ISBN 13: 978-970-803-062-5

Primera reimpresión. Julio de 2009.

Sistema de clasificación Melvil Dewey

157.5
S19
2008

Santín Hodges, Lorna Leticia; Santín Hodges, Beatriz.
Cómo ayudar a los niños con problemas del habla /
Lorna Leticia Santín Hodges, Beatriz Santín Hodges.--
Cd. de México, México: Selector, 2008.
160 pp.
ISBN 10: 970-803-062-7
ISBN 13: 978-970-803-062-5

1.Trastornos del lenguaje. 2.Habla.

Presentación

Aprender a hablar es cosa de niños. De hecho es algo que la mayoría logra realizar sin mayores dificultades. Lo normal y esperado es que a partir del segundo año de vida se haga especialmente notorio el aumento gradual y acelerado del número de palabras que van integrando el vocabulario infantil. Así, a lo largo del segundo y tercer años es tal el desarrollo del lenguaje, que, al cumplir los cuatro años de edad, lo común es que un niño sea capaz de comunicarse verbalmente con singular corrección. ¿Por qué no ocurre así en todos los casos?

La adecuada adquisición y utilización del lenguaje compromete distintas zonas del cerebro. Este complejo órgano funciona mediante redes de información, sin las cuales el desempeño se dificulta o incluso se imposibilita. En el proceso de la formación del sistema nervioso y de sus múltiples redes neuronales, pueden surgir un sinfín de problemas y carencias. Y, sin la presencia de ciertas estructuras y conexiones, la articulación de palabras y oraciones se obstaculiza.

Hay muchas situaciones que pueden ser causa de deficiencias en el lenguaje, algunas de las cuales entran en la categoría de los llamados trastornos generales del desarrollo. La mayoría de ellas requieren orientación médica precisa y sistematizada e incluso la colaboración de todo un equipo de especialistas expertos en distintas áreas de la salud y la conducta. Así ocurre, por ejemplo, en los casos de autismo y otros problemas neurológicos serios, cuyo tratamiento rebasa los alcances de este libro.

Esta obra, narrativa en su estilo, está dirigida a padres de niños con dificultades de lenguaje causadas fundamentalmente por malos hábitos de aprendizaje. Hace un énfasis particular en las actitudes de los padres que, al fallar en proporcionar a sus hijos una adecuada guía, contribuyen sin saberlo a que sus pequeños desarrollen problemas en la articulación de las palabras.

El principal interés de las autoras es alertar a los padres de familia contra una serie de prácticas hogareñas que, por ignorancia, pueden conducirlos a crear o acrecentar ciertos problemas de lenguaje en sus hijos. Y, dado que con frecuencia estos problemas aparecen combinados con falta de límites para los niños, las orientaciones propuestas incluyen simultáneamente dos clases de intervenciones: una dirigida al manejo del lenguaje infantil y otra que apunta a la conducta de los chiquitos.

Contenido

¿QUÉ LE PASA A MI HIJO?

Irene estaba asustada. Más que asustada. Estaba realmente aterrada. ¿Qué pasaba con su hijo Marquitos? Otros niños de su edad hablaban ya bastante bien, se expresaban con suficiente claridad, contaban con un vocabulario adecuado para poder darse a entender con distintas personas que los rodeaban. No ocurría lo mismo con Marquitos.

En un principio Irene se sintió muy orgullosa al darse cuenta de que ella era todo para su hijo. Fuera de ella, no había nadie en toda la faz de la Tierra que pudiera comprender lo que Marquitos deseaba expresar. Claro que esto le representaba ciertos problemas, pues nunca se había atrevido a dejar a su hijo a cargo de nadie, ni de las abuelas, ni de las tías, ni siquiera de su esposo.

En cierto sentido, podría pensarse que Irene estaba un tanto atada al pequeño. Pero eso a quién le importa, ella misma se decía. Para eso estamos las mamás. ¡Cómo iba a dejar a su hijo a cargo de alguien más! Marquitos era tan sensible... No toleraba ninguna demora con respecto a aquello que quería. Y como sólo su madre podía entender lo que su hijo deseaba, pues ¡ni pensarlo! No había nadie suficientemente capaz, aparte de ella, para atender a su niño.

Algunos le decían que su hijo estaba sumamente consentido, y que por eso no hablaba. En realidad no necesitaba hacerlo. Su madre parecía adivinarle el pensamiento. Marquitos, a sus tres años, había desarrollado un lenguaje prácticamente de señas y gemidos. Irene entendía muy bien cuándo su hijo tenía hambre o sueño, cuándo ya había tenido suficiente de cierto alimento o de cierta actividad. Parecía que entre ambos existiera un puente de comunicación único, que sólo ellos dos podían transitar.

Esto inicialmente satisfizo su orgullo de madre; se sintió útil, plena, incluso imprescindible. Pero ahora Irene había decidido que era momento para su hijo de comenzar a socializar, pasando unas cuantas horas con otros niños en un centro educativo. Entonces se percató de la gravedad de la situación. Su hijo no fue admitido en el grupo que correspondía a su edad. Es más, la directora del centro le sugirió que acudiera a un especialista para que le hiciera una evaluación a su pequeño, pues no era normal que un niño de tres años no tuviera más lenguaje que unos rudimentarios gemidos y unos ademanes estereotipados.

La mujer no quiso escuchar más. En ese momento se llenó de confusión y pensó lo peor. ¿Qué acaso la maestra le estaba sugiriendo que su hijo tenía un retardo grave en el desarrollo?, ¿es que su hijo jamás podría ingresar en un sistema escolar regular?

Irene no sabía cómo abordar a su esposo. ¿Cómo explicarle la situación? Ella sabía perfectamente bien que su marido no aceptaría la realidad. ¡Era tan vanidoso! Seguramente no daría crédito a una persona que se atrevía a descalificar a su hijo. Después agregaría que quien estaba mal era la directora, no Marquitos. ¡Faltaba más!

Aun así, Irene, pensando en el bienestar de su pequeño, se armó de valor y se animó a hablar con él. Luego pasaron varios días antes de que Julio y su mujer, los padres de Marcos, lograran asimilar las nuevas noticias y decidieran tomar cartas en el asunto.

Una noche en que ambos esposos habían acostado al pequeño a dormir tuvieron la siguiente conversación.

—¿Por qué no vuelves al centro aquel, adonde fuiste antes, y le preguntas a la maestra si conoce a algún especialista confiable, que pudiera recomendarnos? —le preguntó su marido a Irene.

—Tienes razón. Había pensado hacerlo, pero no sabía si sería buena idea —respondió la mujer.

—¿Por qué lo dices?

—Creo que fui un poco grosera con la maestra.

—¿Cómo dices?

—Pues sí. Cuando ella comenzó a explicarme lo que veía en nuestro hijo, yo sentí como que me estuviera culpando a mí, como si yo fuera la responsable del problema.

—¿Por qué lo piensas?

—No sé. Son tantas las veces en que tú, tu mamá y mi mamá, mis hermanas y mis amigas me han dicho que consiento mucho a Marquitos... Quizá tenían razón, y ahora yo soy la culpable de que nuestro hijo no hable.

—Nuestro hijo está bien —respondió Julio—. De eso estoy más que seguro.

—Claro —contestó Irene enojada—. Tú nunca aceptarías que algo estuviera mal en tu vida. ¡Como te crees perfecto...! Quién podría imaginar que pudieras tener un hijo con problemas, ¿verdad?

—La única culpable eres tú —respondió Julio, defendiéndose encolerizado—. Le das todo a Marcos sin que él tenga que esforzarse ni un ápice siquiera. ¿Qué necesidad tiene el niño de aprender a hablar, si tú le adivinas lo que quiere? ¡Dímelo!

—¡Ah! ¡Claro!, de modo que ahora yo soy la única responsable —contestó ella y, llena de ira, agregó—: Tú eres tan culpable como yo.

—¡Por supuesto! ¡Ésta es tu última defensa! Sabes perfectamente bien que entre tú y mi hijo hay una alianza tan enorme, que yo mismo quedo fuera de la relación.

Y luego, dando por terminada la conversación, abandonó la escena y se retiró a escuchar algo de música, para variar.

Irene se quedó sola; sola y confundida con todos aquellos pensamientos que le daban vuelta. Y es que, en efecto, ella se sentía culpable de todo lo que estaba ocurriéndole a su pequeño. Vagamente recordaba la última vez que llevó a su hijo al pediatra. En aquella ocasión, ahora le venía a la memoria, el médico le había dicho que el niño presentaba cierto retardo en su lenguaje que podría interferir en su proceso de socialización con otros niños de su edad. Y como eso era algo que la mujer no quería aceptar, había optado por no acudir más a la clínica de salud. ¡Ya parece que alguien tuviera derecho a decirle algo negativo sobre su hijo!

La mujer comenzó a llorar. ¿Qué les pasaba? El momento era propicio para encontrar soluciones, no para buscar culpables. Además, necesitaba el apoyo de alguien. Se sentía frágil para manejar sola el paquete. ¿Por qué alejar a su esposo del problema, si en realidad necesitaba su ayuda? Había que hacer a un lado cualquier sentimiento egoísta, para ocuparse tan sólo del sano desarrollo de su hijo. Dos piensan mejor que uno. Era urgente buscar ayuda, y ella estaba segura de que trabajando juntos estarían más capacitados para tomar una mejor decisión.

Irene fue a la cocina. Sabía muy bien cómo cambiar el estado de ánimo de su marido, así que le preparó algo delicioso para cenar: unas quesadillas de queso de hebra con un toque de papas y chorizo.

Y para terminar... un flan napolitano, de esos que se preparan en la licuadora con un poco de queso Filadelfia y luego se cubren de azúcar hecha caramelo. Claro que el flan estaría aún tibio cuando se lo sirviera, pero así era como a Julio le encantaba.

Él no era un mal hombre. Un tanto impulsivo, eso sí. Irene sabía que tras unos minutos de soledad y de escuchar algunas piezas de su música favorita, fácilmente se le bajaba cualquier malestar. Más aun si tenía a su alcance algo que agradara a su paladar. Así que la mujer se presentó ante él, segura de sí misma, con una charola entre sus manos.

—Y tú, ¿qué vas a cenar?

—Lo mismo que tú. Sólo que mi cena se quedó en la cocina. No sé si prefieres estar solo —contestó.

—Nada de eso —respondió Julio, y agregó—: Llevaré esto a la cocina y cenaremos juntos los dos. Necesitamos planear sobre lo que haremos con nuestro hijo. Es una situación que nos ocupa a los tres. No es un problema que debas cargar sola.

Una vez sentados a la mesa, tomaron una decisión. Irene solicitaría que la maestra Estela —ése era el nombre de la directora del centro educativo adonde Irene había acudido— le recomendara algún especialista. Antes, se disculparía por la manera un tanto irrespetuosa en que se había dirigido a ella y le agradecería el interés puesto en su pequeño. Con esta decisión tomada, ambos esposos cenaron y durmieron con renovada esperanza.

Una esperanza renovada

—¿Diga? —contestó una voz femenina al otro lado del teléfono.

—Busco a la doctora Ramos —pronunció Irene, tratando de disimular su angustia, pero sin lograr que ésta no se notara en su voz.

—Soy yo, ¿en qué puedo servirle? —respondió nuevamente aquella mujer.

—Deseo una consulta para mi hijo. Me recomendó con usted la maestra Estela Larios.

—La conozco bien —aseguró la mujer y preguntó— ¿qué pasa con su hijo?

—Eso es lo que yo quisiera saber —pronunció Irene con aquella voz incapaz de ocultar su desesperación, menos aún a los oídos de la doctora Ramos, quien estaba acostumbrada a recibir este tipo de llamadas con frecuencia.

—Hábleme un poco de su hijo. ¿Qué edad tiene?

—Se llama Marcos, tiene tres años y todavía no habla.

—¿Ha tenido alguna enfermedad importante?, ¿sarampión?, ¿rubéola?, ¿meningitis? —preguntó la doctora.

—No.

—¿Ha sufrido algún golpe, calenturas elevadas que no ceden con facilidad, convulsiones?

—No —respondió nuevamente Irene, esta vez sintiendo alivio al mencionar que su hijo no había padecido ninguna de estas situaciones.

—¿Qué otros síntomas presenta además de la falta de lenguaje?

—Hace berrinches con frecuencia —respondió la madre luego de haberlo dudado un poco.

—¿En qué momentos?

—Cuando no atiendo enseguida alguna de sus peticiones.

—De modo que sabe darse a entender. ¿Usa sonidos?, ¿señala lo que quiere?

—Sí. Creo que ése es el problema. Que siempre adivino lo que quiere. Tal vez no habla porque no le ha hecho falta hablar.

—Mmm.

—Todos me lo han dicho.

—Todos. ¿Quiénes son todos?

—Mi esposo, mi mamá, mi suegra, mis hermanas, mis cuñadas, mis amigas...

—¿Y usted piensa que tienen razón?

—Antes no, pero ahora sí.

—¿Ocurrió algo en especial que la hizo cambiar de opinión?

—Pues sí. Cuando lo llevé a la escuela, me topé con otros niños de su edad, y me di cuenta de que todos ellos hablan bastante bien. Yo pensaba que era normal que los niños de esa edad se expresaran con gemidos.

—Pero ahora ya no está tan segura.

—Pues... más pequeños, sí, pero no a los tres años.

—Algo más —añadió la doctora— ¿Marcos entiende bien lo que usted le dice, o requiere que acompañe las palabras con señas y ademanes?

—¿Cómo?

—Lo que quiero preguntarle, señora, es si su hijo capta bien el lenguaje hablado. Si para darse a entender con él, le bastan a usted las palabras o si necesita emplear algo de mímica o alguna otra señal convencional, ya sabe... como hacemos cuando hablamos con alguien que desconoce nuestro idioma. Cuando tratamos de comunicarnos con un extranjero, por ejemplo, a menudo hacemos señas con las manos para hacer alusión a ciertos objetos o sitios, o exageramos algún gesto. Todo eso a fin de ayudar al otro a entendernos. Me gustaría saber si usted necesita de todas estas ayudas para que Marcos comprenda lo que quiere decirle.

—Ah, no —contestó la mujer—, realmente no uso ademanes. Más bien es él quien los usa. Como que no quiere esforzarse para hablar, y mejor señala y gime. Dado que yo casi siempre adivino lo que quiere...

—Bien —dijo la doctora—, necesito ver a Marcos para evaluarlo. Sólo entonces podré darle mi opinión. Esta semana sólo tengo libre una hora el miércoles por la tarde, a las 6. ¿Puede venir?

—¿Tengo que llevar al niño? A esa hora acostumbro bañarlo.

—Señora... —contestó la doctora.

—Sí, sí, está bien —respondió Irene, sintiéndose un tanto apenada ante su falta de flexibilidad.

Cualquiera podría pensar que no tenía muy claro el panorama. Parecía que había encontrado a alguien que podía ayudar a su hijo a superar su problema, y todavía le causaba dificultad aceptar que necesitaba hacer ciertos cambios en su vida. De hecho, Irene pronto descubrió que tendría que hacer múltiples modificaciones en su modo de relacionarse con su hijo, pero bien valían la pena.

Irene llegó puntualmente a su cita junto con su hijo. Marcos se veía un poco menor a lo esperado para su edad, no tanto en talla y peso, sino en su comportamiento. No presentaba ningún indicio de daño ni ofrecía dato alguno que hiciera sospechar la existencia de secuelas de enfermedades serias padecidas con anterioridad. El ojo clínico de la doctora Ramos le permitió concluir con facilidad que se encontraba ante un problema de sobreprotección.

Gracias a la conversación telefónica que anteriormente habían sostenido ambas mujeres, junto con la historia clínica que conformó en esa primera cita, la doctora corroboró que, en efecto, Marcos era un niño sumamente mimado por su madre. Jamás había sentido la necesidad de hablar, pues la señora le daba cuanto quisiera con sólo moverse de cierta manera o hacer un ruido determinado. Por otro lado, era bastante berrinchudo. Eso pudo comprobarlo enseguida, tras mostrarle al chiquito un par de juguetes.

En un momento específico de la consulta, la doctora acercó unos juguetes al niño, pero no lo suficiente para que éste los tocara. Sólo permitió que los viera, originando en él, el deseo de apropiarse de ellos. Acto seguido, los alejó, manteniéndolos fuera de su alcance.

Era bastante obvio que los juguetes habían llamado la atención del niño, quien ahora los deseaba, pero fuera de expresarse mediante movimientos, no parecía estar dispuesto a pronunciar palabra alguna para conseguirlos. La doctora mantuvo los juguetes a la vista, lejos del pequeño. Fue entonces cuando Marcos tuvo un primer arranque de ira en el consultorio.

La doctora permaneció serena. A los ojos de Irene, era como si nada la perturbara. Dejó que el niño hiciera una pataleta, mientras dirigía una conversación con la madre.

—¿Hace esto a menudo? —preguntó la doctora.

—Nnno —respondió Irene con inseguridad.

—No parece estar muy convencida de ello —apuntó la doctora.

—Es que no se lo permito.

La doctora interrumpió, mirando al niño y le dijo:

—Sí, mi vida, sé que estás enojado. Estás muy enojado.

Marcos arremetió con renovada fuerza, con lo cual acrecentó el volumen de su llanto y el grado de su berrinche. La doctora se mantuvo serena y continuó su conversación con la madre.

—¿Qué es lo que no le permite?

—Supongo que no le doy la oportunidad de hacer semejante escena porque le doy lo que quiere en cuanto me doy cuenta de que lo quiere.

—Ya veo. ¿Alguna vez hizo semejante escena?

—¡Oh, sí! ¡Vaya que sí!

—¿Y qué hizo usted entonces?

—Me dio tanta vergüenza... Es que la gente nos miraba.

—Sí, corazón —interrumpió la doctora, mirando al niño—. Estás enojado. Quieres los juguetes y yo no te los doy. Te los daré con gusto, cuando me los pidas bien. No quiero que sólo te muevas o llores. Quiero que digas algo para obtenerlos. Me gustaría que dijeras Dame. Vamos. Inténtalo. Estás enojado. Sí. Entiendo que estás enojado conmigo. Sólo di Dame. Eso es todo. Luego volvió sus ojos a la mujer y continuó.

—¿Por qué los miraba la gente?

—Porque Marquitos quería una paleta y yo no quería dársela y él empezó a hacer una rabieta, allí en medio de todos.

—¿En dónde?

—En el súper.

—Ya entiendo... Con tal de no llamar la atención de los demás, usted aprendió a obedecer a su hijo.

—¿Obedecerlo?

La doctora miró a Marcos, quien, tras comprobar que su rabieta no le haría conseguir los juguetes, había optado por dejar de patalear y llorar.

—Sí, claro. Darle lo que quiere a como dé lugar y cuanto antes, no sea que se moleste y arme un escándalo.

Irene permaneció en silencio, un tanto avergonzada. Luego confesó.

—Mi esposo me ha dicho en varias ocasiones que consiento mucho a Marquitos, pero es que si no lo hago así, él da de pataletas, esté donde esté.

—Le creo. ¿Qué estaría usted dispuesta a hacer para modificar el comportamiento de Marcos?

—Lo que usted me diga, doctora. ¿Va a componerse mi hijo? ¿Podrá hablar algún día?

—Si usted me ayuda —contestó—. Yo puedo trabajar con él una vez por semana, aquí en el consultorio. Pero si usted y su esposo no me apoyan en casa, todos los esfuerzos que hagamos y los resultados que logremos aquí serán inútiles. Es como si ustedes echaran todo por la borda.

—¿Cómo debo comenzar?

ALGUNAS ADVERTENCIAS DE IMPORTANCIA

La doctora indicó:

—Primero que nada, debo pedirle que deje de llamar Marquitos a su hijo.

—¿Por qué habría de hacerlo?

—Su hijo está muy sobreprotegido. Eso está impidiéndole crecer al ritmo que debería hacerlo. No me refiero a su crecimiento físico, sino a su desarrollo psicológico y social. Necesitamos que Marcos se asuma como un niño, no como un bebé.

—Y qué tiene de malo tratarlo con cariño.

La doctora miró al pequeño, quien continuaba en el suelo, pero ya en calma, jugando con sus deditos, y le dijo:

—¿Quieres los juguetes, cielo? Pídelos, amor. Fíjate bien cómo lo hago —dijo la doctora, quien abriendo enormemente la boca, dijo— Daaaammeee.

Entonces explicó a Irene:

—Tratarlo con cariño es bueno. El problema es que usted ha confundido las cosas. Ser cariñosa con su niño no significa mantenerlo apartado de aquello que debe ir aprendiendo a hacer por sí mismo para ir creciendo saludablemente. Aunque sus intenciones sean buenas, con su actitud, está transmitiéndole un mensaje de derrota. Es como si usted no lo creyera capaz y, por lo mismo, necesitara resolverle la vida.

Nuevamente Irene permaneció en silencio, percatándose de cómo, por ignorancia, había causado problemas a su pequeño. Con timidez, se atrevió a preguntar:

—Si yo le prometo que impulsaré seriamente a mi hijo a crecer, ¿me permitiría usted seguir llamándolo Marquitos?

La doctora sonrió compasiva, y le dijo:

—Sí. Si usted se mantiene firme en las otras cosas que voy a pedirle que haga con el niño, entonces puede llamarlo Marquitos. ¿Cuál es su temor?

—No quiero que mi hijo piense que estoy enojada con él. Sería muy duro para los dos que yo lo llame de otra manera.

—Bueno... de cualquier manera voy a anunciarle que en las próximas semanas, si usted coopera con lo que yo le señale, habrá muchos momentos en que Marquitos sentirá que usted está enojada.

La mujer dudó por un instante. ¿Podría con el paquete? La doctora Ramos continuó.

—Su hijo está acostumbrado a recibir cuanto quiere, sin esfuerzo. Por supuesto que al advertir los cambios en usted, redoblará sus berrinches.

—No me diga eso, doctora.

—Lamentablemente es verdad. Más vale que esté preparada.

—*Am* —dijo Marcos, mirando a la doctora y señalando los juguetes que estaban sobre su mesa de trabajo. Luego pronunció—: *Ame*.

—Eso me gusta, Marcos. *Am* me parece mejor que llorar. *Am* me parece mejor que sólo moverte. Y *ame* me gusta todavía más. Ahora voy a prestarte los juguetes.

La doctora Ramos empleó los últimos minutos de la sesión para reforzar estas nuevas sílabas en el niño, y para ello utilizó distintos juegos y juguetes. Todas estas actividades siempre estuvieron encaminadas a estimular a Marcos para que pidiera algún objeto con la "palabra" recién adquiridas. También ocupó el tiempo para dar algunas instrucciones a su madre. Le aseguró que si seguían las indicaciones en forma adecuada, podría citar a Marcos en el consultorio cada quince días, pues, según le explicó, éste es el tiempo aproximado que el cerebro tarda en volver a entrenarse, a fin de lograr un cambio en sus hábitos.

La especialista afirmó que muchos niños tienen problemas para pronunciar adecuadamente algunas palabras porque aprendieron a expresarlas en forma incorrecta, y su cerebro registró dicha equivocación. Ahora, en el proceso de realizar un cambio consciente, los malos hábitos anteriormente adquiridos interfieren con el nuevo aprendizaje, pues el cerebro, por impulso, tenderá a responder como sabe hacerlo, es decir, de forma equivocada.

En este sentido, el mal hábito que ya está registrado en el cerebro, y que consiste en la colocación incorrecta de la lengua al emitir ciertos sonidos llamados fonemas, dificulta que el niño pueda articular adecuadamente las palabras. Se necesitan aproximadamente quince días para que el sistema adoptado por el cerebro "entienda" que ya no es eficiente y que debe realizar algunos ajustes. Sólo entonces dejará de enviar en forma automática la palabra mal articulada, permitiendo que gradualmente ocurra el cambio. En el proceso, surgirá un nuevo fenómeno: el cerebro empezará a "querer" meter el nuevo sonido —que técnicamente se denomina "fonema"— en todas las palabras, aun cuando no las necesite.

Es de esperar que transcurridos otros quince días, el cerebro haya "comprendido" que únicamente debe poner dicho fonema en algunas palabras y no en otras.

Debido a lo anterior, la doctora aseguró que no tenía caso ver con mayor frecuencia a Marcos en el consultorio. Pero reiteró que el apoyo en casa era fundamental, pues sólo con la práctica adecuada y la repetición continua, el niño podría aprender a hablar correctamente. No obstante, pidió a la señora que no dudara en llamarle si antes de la siguiente cita le surgían dudas sobre el tratamiento o se presentaba alguna complicación.

Todavía unos minutos antes de que Marcos y su madre se retiraran, la doctora hizo una advertencia importante. Pidió a Irene que, por el momento, se abstuviera de involucrar el aprendizaje del lenguaje de su hijo con los alimentos. El tiempo destinado a la alimentación debe ser sagrado, razón por la cual evitaría los horarios de comida para corregir al niño. Lo más recomendable era ocuparse del lenguaje en momentos en que ambos estuvieran satisfechos, descansados, de buen humor y con ánimos de juego, pues de otra suerte surgirían problemas. El cansancio y el mal humor contribuyen a crear una especie de "campo minado" emocional, donde con facilidad alguien resulta herido. ¿Para qué dar lugar a dicha situación? Sería como preparar el escenario para un rotundo fracaso.

Como la madre de Marcos dudó de la pertinencia de aquella recomendación, la doctora insistió.

—Imaginemos que su hijo quiere leche. Pero que para obtenerla, usted cariñosamente va a exigirle un nuevo desempeño: una palabra-meta. Para gratificarlo ya no será suficiente que advierta que él tiene un deseo. El solo deseo de su hijo no será suficiente para que usted le dé lo que quiere. Ahora Marcos deberá emitir algo a cambio: una palabra (o digamos mejor) pseudo-palabra, porque en realidad una simple sílaba se aceptará como buena.

»Siguiendo con nuestro ejercicio imaginativo, vamos a considerar que durante varios días su hijo ha entrado al ruedo, ha comprendido las nuevas reglas del juego. Ya comienza a pronunciar algunas sílabas y se ve contento al hacerlo. Usted se siente feliz. Su esposo se hincha de orgullo. Empiezan a pensar que será más fácil de lo que habían creído. Pero ese estado de embeleso y ensoñación se derrumba, cuando Marcos presenta una clara indisposición.

La madre, un tanto divertida, parecía ir entendiendo el planteamiento de la doctora, quien prosiguió con su creativa narración.

—Una noche, durante la merienda, ocurre un incidente que la toma por sorpresa. El ánimo no es el mejor. Marcos está cansado, lo mismo que usted. Como es natural, ese estado de las cosas no contribuye de manera alguna a la paciencia de ninguno de los dos. Nuevamente su niño quiere leche, como todas las noches y usted se resiste a dársela, como ha ocurrido varias noches atrás, cuando su hijo sí estuvo dispuesto a cooperar, dando su mejor esfuerzo. Pero hoy es distinto. Él está fatigado. Dentro de sí mismo, repite la palabra. La sabe. Puede pronunciarla. Puede decir *am* o *ame*, incluso podría decir *eche*, si quisiera, pero no lo hace. Y después de un largo berrinche, agotada, usted cede y le proporciona la ansiada leche, con tal de verlo callado y, más tarde, dormido en su cama. ¿Quiere que le pinte el panorama del día siguiente? —preguntó la doctora a la mujer, quien, comenzando a reírse, asintió.

»Al día siguiente, usted se siente arrepentida de haberse dejado vencer, porque Marcos parece haber perdido todo el avance anterior. Usted tendrá ganas de aventar la toalla y pensará que mi trabajo no funciona.

—¿Cómo es que usted sabe tantas cosas? —le preguntó la mujer, admirada.

—La observación —respondió y continuó—. Hay criaturas que, con tal de no ofrecer a sus padres la tan preciada palabra, serían capaces de quedarse sin leche.

—¿Dejarlo sin merendar? Imposible —intervino la mujer.

—Ese es el asunto —explicó la doctora—. Por ello recomiendo que no utilicen el tiempo de los alimentos para enseñar el lenguaje a sus hijos. Habrá tiempo más adelante. Cuando los niños ya posean un vocabulario aunque sea rudimentario y estén acostumbrados a pronunciar algunas sílabas, entonces podremos jugar preguntándole, por ejemplo, si quiere su leche con chocolate o con fresa. Si el pequeño ya articula algunas sílabas, lo más probable es que diga *eche fesa* o *eche chocholate*, pero si tiene mucho sueño o mucha hambre, lo mejor es evitar este tipo de preguntas y simplemente alimentar al niño.

Irene permaneció en silencio, atenta a las palabras de la doctora.

—Como antes le expliqué, algunos niños preferirían pasar hambre antes de perder su posición de poder. No están dispuestos a dar su brazo a torcer. Por eso, para evitar vernos en esta compleja situación, les pido que no ocupen el rato de las comidas para dar entrenamiento a los niños. ¿Entendido?

—Entendido —respondió la mujer, animada.

—De cualquier forma, como antes le dije, si tiene alguna duda puede llamarme. Estoy para servirle.

Cuestión de paciencia

Irene se retiró del consultorio, animada y feliz. Sentía prisa por contarle a su marido lo ocurrido. Era tal su alegría, que pronto olvidó una advertencia que le había hecho la doctora: si se mantenía firme hacia su hijo y seguía las instrucciones recibidas en el consultorio, ni tardo ni perezoso, Marcos mostraría resistencia, oposición, antagonismo. En estos casos, debía mantener la guardia en alto. A pesar de la oposición, la madre debe conservar su aplomo y permanecer firme, insistiendo en la conducta que deseaba obtener de su pequeño.

Pero ningún cambio suele venir sin contratiempos, incluso a veces sin cierta dosis de dolor, de modo que a los pocos días, Irene olvidó mantenerse firme, y Marcos comenzó a mostrar retroceso en su lenguaje. Esto motivó que, pasada una semana, a pesar de que aún no le correspondía ver a la doctora en su consultorio, Irene la llamara por teléfono para pedirle una cita adicional. Acudió y varias situaciones salieron a colación.

La doctora Ramos había dado instrucciones a la mujer para que ignorara cualquier gesto que su hijo hiciera con el fin de obtener algo. En lugar de esto, debería trabajar concienzudamente para el establecimiento de un lenguaje hablado. Así que, aparte de ignorar los gestos y ademanes que el niño hiciera, era indispensable que la madre instara a su hijo a pronunciar, cuando menos, sílabas. De este modo, Marcos ya no obtendría nada de su madre, si no lo solicitaba explícitamente, aunque fuera en un lenguaje "champurrado".

En un principio, lo que Irene debía estimular era la aparición de *am* o *ame*, tal como lo había hecho la doctora en el consultorio. Después, había que estirar la demanda un poco más. La doctora instruyó a la mujer para que buscara vocales en las respuestas del niño. Es decir, que diera por buenos aquellos intentos de su hijo en donde éste utilizara, cuando menos, una de las vocales de la palabra real. Así, lejos de utilizar los gestos, lo cual quedaba prohibido, a Marcos se le abrían cinco nuevas puertas, cinco distintas posibilidades. Podría usar la "a", la "e", la "i", la "o" y la "u".

Si alguna de estas letras era pronunciada por el niño, junto a una consonante cualquiera, y, en efecto, esta vocal aparecía en la palabra-meta —por llamarla de algún modo—, su madre la daría por buena. Así que ya no bastaba con que su hijo señalara la pelota, el cuento, el oso o lo que fuera, para que su madre se los acercara. Ahora Marcos debía pronunciar algo específico, a cambio. En algunos momentos parecía que el niño estuviera viviendo un duelo interno, en donde dos partes de sí mismo compitieran por obtener la victoria.

Por un lado, una necesidad pugnaba por ser satisfecha: el deseo de juego o diversión. Por otro, también existía un fuerte impulso de autoafirmación, una guerra de poderes, como había explicado la doctora. Finalmente ese poder constituía otra necesidad ávida de encontrar satisfacción. Pobre niño ¿verdad? Se encontraba sumido en un verdadero conflicto existencial. ¡Qué dilema!

Dos necesidades en pugna. ¿Cuál de ellas vencería? Y, al final de cuentas, ¿en calidad de qué dejarían el campo de batalla? Por otra parte, visto desde esta perspectiva, ¿quién, en última instancia, representaba el campo de batalla? El niño.

Marcos constituía el campo de batalla de sus propias necesidades en conflicto. Ya con eso tenía más que suficiente para lidiar un ratito. Habría forcejeo interno, ¡claro!

Y si a los conflictos internos del niño se agregan los ocasionados por unos papás que dudan al momento de mantenerse firmes, de pronto nos encontramos a hijos recompensados aun cuando no manifiestan el comportamiento deseado. Al actuar de esta manera, lo único que hacen es reforzar la conducta que desea evitarse. Fue esto lo que le ocurrió a Irene.

Una vez que la mujer terminó de explicar el problema suscitado en casa, la doctora la interrogó.

—¿Le tiene usted miedo a su hijo? —le dijo, con una cálida sonrisa en los labios.

Irene se mantuvo en silencio. Sentía que la doctora conocía sus pensamientos. Y no es que la especialista tuviera un poder secreto para conocer la mente ajena, sino que su frecuente experiencia con padres y pacientes de este tipo le permitía anticipar muchas situaciones. Entonces recordó a la mujer lo anteriormente planteado:

—Habitualmente en casa nos encontramos ante un sutil juego de poder.

—Sí, claro, a ver quién gana, el niño o los papás —completó Irene.

—Es más complicado que eso —retomó la doctora—. Dentro de los niños se libera una poderosa batalla. A ver qué puede más. Su deseo de obtener algo, para lo cual se le ha dicho que debe pronunciar un fonema que resulta nuevo para él, o el gusto de ganarle a mamá. En su mente hay dos figuras o recuerdos agradables: la satisfacción de un deseo es una de ellas, pero también existe la imagen del gusto tan enorme que siente ante el hecho de "ganarle" a su madre.

La doctora prosiguió:

—Si a la lucha interna que viven los niños le añadimos las dificultades de sus padres, debidas a sus propias inseguridades, pues entonces nos encontramos ante un pequeñito que, en lugar de ser ayudado, apoyado, motivado a crecer, es saboteado y permanece estancado en alguna fase de su desarrollo. Así es como las personas aprendemos a auto-sabotear la propia salud.

»Toda persona vive en algún momento una confusión interior, en la cual se le presentan cuando menos dos vías alternativas. En ocasiones sucede que una de ellas conduce al crecimiento, mientras que otra provoca estancamiento. Esto es lo que Marcos está viviendo justo en este momento. A ratos, el niño puede estar estancado, como si estuviera metido en un pantano, y el medio familiar en lugar de ayudar, provoca que se atasque más. ¿No será que también las personas que constituyen su medio se encuentran un tanto atoradas? Sería bueno que analizara por qué le causa pesar ver a su hijo crecer. Tal parece que no encuentra deleite ni placer alguno en ver cómo Marcos deja de ser un bebé, cuando lo fundamental es que usted pudiera alegrarse con cada uno de sus progresos.

—No lo había pensado de ese modo, pero ahora que usted lo pone tan claro, pues, creo que debo darle algo de crédito —respondió Irene y, tras un breve suspiro, manifestó un tanto desesperada—: Me gustaría saber lo que pasa por la mente de mi hijo cuando hace lo que hace.

—Trate de imaginarlo, y no tema decírselo al niño. Recuerde cómo lo hice yo la vez pasada aquí en el consultorio.

—Algo pasó, pero no recuerdo claramente qué

fue. Usted le decía algo a mi hijo y él finalmente dejó de llorar y patalear —apuntó Irene.

—Intenté reflejar lo que ocurría en su interior. Procuré imaginar por lo que estaba pasando, los sentimientos que experimentaba, y los puse en palabras. Eso fue todo. Como el niño sintió que yo lo comprendía, entonces estuvo dispuesto a detener el berrinche. Los pequeños necesitan comunicarse con nosotros. Para lograr esto, a menudo debemos adivinarles el pensamiento, pero esto no es suficiente después de cierta edad. Hay que dar un paso más adelante y enseñarles a expresar con palabras lo que necesitan, pues conforme van creciendo su organismo va preparándose para el lenguaje articulado. Si les negamos este aprendizaje, los niños se comunicarán como los animales ¿no le parece?

—¿Cómo reflejaba usted los sentimientos de mi hijo? —preguntó Irene, deseosa de aprender a hacer lo mismo.

—Le dije "Sé que estás enojado. Estás muy enojado. Quieres los juguetes y yo no te los doy". Lo que intentaba era comunicarle que comprendía cómo se sentía pero una y otra vez insistía en que él respondiera como yo le había pedido que lo hiciera ¿recuerda? "Te daré los juguetes cuando me los pidas bien. No quiero que sólo te muevas o llores. Quiero que digas algo para obtenerlos".

—Sí. Ya lo recuerdo. Usted insistió que dijera dame, mientras repetía una y otra vez "Sé que estás enojado… estás enojado conmigo. Sólo di dame." ¡Claro! Me acuerdo muy bien de cómo me sorprendió que en un momento dado Marcos se quedara calladito, escuchando, y cómo finalmente pronunció *am* y *ame*. Recuerdo también, y así lo comuniqué a mi esposo, que usted nunca perdió su compostura. Se mantuvo siempre serena y tranquila. Fue muy cariñosa con Marquitos, pero firme y decidida. Realmente nunca pensé que usted fuera a darse por vencida. La vi ¡bien plantada!

—Seguramente en algún momento usted sintió temor. En un principio, algunas personas me tienen miedo. Dicen que soy muy dura y prefieren buscar a alguien más suave para su hijo. Yo los entiendo, aunque sé que posiblemente, cuando ya hayan agotado otras posibilidades sin encontrar resultados satisfactorios en su hijo, regresarán a mi consultorio, bastante apenados y un tanto incómodos.

—¿Le ha ocurrido?

—Claro. No me sorprende. Conozco mi trabajo. Lo que básicamente me ayuda es que tengo fe en la parte sana del niño. Su parte sana quiere crecer y desarrollarse. Pero su parte no desarrollada lo empuja a seguir siendo un bebé —explicó la doctora—. Yo debo aliarme con su parte sana y estimularlo a que manifieste aquello que es capaz de hacer.

—Esa es su lucha interna —dijo Irene como si finalmente comprendiera el conflicto por el que pasaba su hijo—. Y luego yo, que al sentirme insegura, acabo apoyando a su parte no desarrollada, ¿no es cierto?

La doctora sonrió mientras asentía con la cabeza. Luego añadió:

—Pero no todo está perdido. Como le dije, debemos confiar en la parte sana de su hijo. Así que borrón y cuenta nueva. Su hijo puede. Ya lo demostró. Ahora mantengámonos firmes con la convicción de que lo hacemos por su bien. Si usted conserva este pensamiento, no volverá a tener problemas, ni dudará en el momento crítico.

—Ya lo entiendo. No se trata de ser dura sólo porque sí. Se trata de creer que mi hijo es capaz de avanzar, y no dudar de sus capacidades. Recompensarlo sin que manifieste lo que puede hacer sería como darle premios de consolación a un niño que, en el fondo sé, jamás obtendrá el premio mayor: crecer sano e independiente.

—Usted lo ha explicado mejor que yo —dijo la doctora Ramos, sonriente—. De modo que ya lo sabe: manténgase serena, firme, amorosa. Confíe en la sabiduría de la naturaleza. Ayudemos a que ésta se exprese en todo su esplendor.

Dijo a la madre:

—Advierta cómo su hijo dice *téntate*, para expresar siéntate. Es un logro muy valioso por varias razones: en primer lugar, utiliza tres de las cuatro vocales que aparecen en la palabra-meta; en segundo lugar, emplea tres sílabas: *tén-ta-te*, tal y como las hay en la palabra-meta; en tercer lugar, y esto es una clara manifestación de su excelente capacidad, da a la palabra una entonación adecuada.

»Todas las palabras poseen una sílaba que se pronuncia más fuerte que las demás. Ésta se denomina sílaba tónica. Las palabras monosílabas, es decir, las que sólo cuentan con una sílaba, tienen su tónica justamente ahí, en la única sílaba que poseen. Cuando un niño está aprendiendo a hablar, y da énfasis a la sílaba tónica, podemos saber que su oído está preparado para percibir la entonación en el lenguaje. Tome nota de lo que su hijo hará a continuación.

La doctora Ramos dijo al pequeño.

—A ver Marcos, vamos a imaginar que el caballito quiere levantarse. El camión está en movimiento, y esto puede ser peligroso para él. Necesitamos que el caballo se quede quietecito. Así que tú, cariñosamente, le dirás: estate, pero pronunciarás con más fuerza una parte de la palabra, así: es-*tá*-te.

La doctora tomó al caballo y, prestándole su voz, como si el caballo hablara por sí mismo, dijo juguetonamente:

—Ya me cansé de estar sentado. Voy a levantarme un ratito.

La doctora miró al niño y, abriendo exageradamente la boca para marcar bien la palabra, dijo en voz queda: es-*tá*-te.

Marcos repitió *tá-te*, dando énfasis a la sílaba "ta".

Algo semejante hicieron con el resto de los animales. Para cada uno, Marcos tuvo que repetir es-*tá*-te. En algunos momentos el niño decía *tá-te*, en otros, *e-tá-te*, pero siempre dio énfasis a la sílaba "ta".

—¿Qué nota usted en su hijo? —preguntó la doctora a Irene.

—Puede distinguir la sílaba tónica.

—Bien. Cuando ustedes practiquen en casa, le pido que busque que Marcos dé la entonación adecuada. También necesito que aprenda a distinguir cómo la pronunciación de las palabras u oraciones puede dar a éstas un matiz de orden, de súplica, de petición, o de distintas situaciones. Fíjese cómo lo hago.

La doctora tomó de nuevo al caballo y, prestándole su voz como había hecho anteriormente, dijo en tono travieso:

—Ahorita que nadie está viéndome, yo voy a levantarme.

Entonces la doctora, levantando su dedo índice en señal de mandato, con tono de orden, dijo:

—¡SIÉNTATE! ¡ES-*TÁ*-TE!

El niño miraba atento. La doctora explicó:

—Con el tono de mi voz expreso que estoy hablando en serio y que estoy dándole una orden.

Colocó al caballo en su sitio y le dijo con cariño:

—Caballito. No te pares. Es peligroso para ti, porque el camión está moviéndose. Siéntate. Estate quietecito.

Al terminar de decir estas palabras, hizo una pausa y repitió con voz serena y tranquila, es*tá*te, a la vez que acompañaba el vocablo con el ademán apropiado para expresar que continuara sentado. Luego, mirando al niño, volvió a decir:

—Es*tá*te —y explicó—, fíjate cómo lo digo. Es distinto que hace un momento. Ahora no estoy de mandona ¿verdad? Estoy tranquila. Le hablo al caballo con voz suave. Oye cómo se escucha es*tá*te.

La madre de Marcos miraba la escena, muy atenta, pues sabía que todas estas observaciones le servirían más adelante para practicar con su hijo, en casa. Claramente advertía lo mucho que la terapeuta gozaba de su trabajo con el pequeño. Percibió que para ella esta actividad era más un juego que otra cosa.

La doctora continuó. Luego, con un tono juguetón, pero fingiendo que lloraba, dijo:

—Caballo, ¡snif!, ¡snif!, ¡snif!, caballito, precioso caballito, ¡snif!, ¡snif! No te levantes, por lo que más quieras. ¡Snif!, ¡snif! Siéntate.

El niño mantenía los ojos enormemente abiertos, como si tratara de apropiarse de la escena. De pronto comenzó a reírse, divertido. La doctora le dijo:

—A ver, Marcos. Repite después de mí, con tono de orden, ¡Siéntate!

Marcos exclamó:

—¡*Téntate*!

La doctora dijo:

—¡Es-*tá*-te!

Marcos dijo:

—¡*E-tá-te*!

Enseguida, con un tono de simple petición, la doctora dijo:

—Siéntate.

El niño repitió:

—*Téntate*.

La doctora pronunció:

—Es*tá*te.

El niño repitió:

—*Etate*.

Luego, con tono lloroso, la doctora dijo:

—Sssssss-iiiiiiiii-eeeeeeeén-taaaa-teee.

Marcos, quien podía hablar con dificultad a causa de la risa, intentó decir:

—*Ttttttt-eeeeé-nnnnnn-taaaaa-teeeeee.*

El resto de la sesión, el juego continuó. La doctora permitió al niño elegir con qué quería jugar. Claro que antes tenía que pedirlo. No se toleraban los simples ademanes. Marcos eligió jugar a la casita. Utilizaron pequeños muebles y personas.

Para la doctora Ramos el juego era fundamental. Así sus pacientitos aprendían mientras jugaban. En realidad, a lo largo de toda la sesión trabajaban, aunque no se percataran de este hecho. Los pequeños sentían que simplemente habían venido a jugar. Sin embargo, durante el proceso, más y más palabras empezaban a brotar de sus pequeños labios.

La importancia del periodo sensible

Ya para despedirse, la doctora explicó a la mujer:

—En la medida de lo posible, como ya anteriormente le expliqué, cito a los niños en mi consultorio cada quince días. Claro que en esta decisión influye el grado de atraso de lenguaje que manifieste el chico, su edad y la disposición que los padres muestren para cooperar trabajando en casa con él. Por ello, cuando atiendo a mis pacientes, me gusta que alguno de los papás esté presente o, en su defecto, que acuda a la cita algún adulto que sea muy cercano al niño y que pueda practicar en casa los ejercicios que vamos trabajando en el consultorio.

»Me he percatado de que los pequeños avanzan muchísimo más aprisa cuando toda la familia está involucrada en su aprendizaje, y la mejor manera de que los padres apoyen en casa es que hayan visto cómo trabajo con los niños en el consultorio. Por eso, conforme voy presentando nuevas actividades a los pequeños, explico a sus papás lo que estoy haciendo. En casos como el de Marcos, también aprovecho la ocasión para tranquilizarlos, les explico qué es lo que tiene su hijo, les aseguro que no está enfermo y les remarco la importancia de dirigirse a él pronunciando correctamente las palabras y no con lenguaje de bebé. A la larga, los niños acabarán por imitarlos.

La doctora aseveró que, por el momento, el atraso de lenguaje de Marcos no era severo. Sin embargo, hubiera podido no ser igual si el niño fuera mayor. Esto fue lo que explicó a Irene:

—Nos encontraríamos ante una situación más delicada, por ejemplo, si su hijo estuviera por cumplir ocho años de edad. En realidad existe un periodo sensible en el cual el organismo está listo para aprender a ejecutar determinadas tareas. Si éstas no se aprenden en el momento adecuado, el periodo sensible se termina. Es como tener una puerta que sólo permanecerá abierta hasta un momento determinado, luego del cual no podrá ser atravesada. El periodo sensible para adquirir el lenguaje termina entre los ocho y diez años de edad, y más bien hacia los ocho que hacia los diez. Si antes de este tiempo el niño no aprende a hablar con corrección, nunca será capaz de manejar exitosamente el lenguaje.

—Se oye muy drástico —dijo Irene, un tanto alarmada.

—Así de grave es, señora —aseveró la terapeuta y agregó—, el problema es que la ignorancia provoca que los padres o cuidadores de los niños pasen por alto este hecho tan importante. A veces por comodidad, por prisa, por evitar "una escena", o por lo que usted guste y mande, los adultos hacemos por ellos cosas que ya están en edad de hacer. Con esto los dañamos severamente. A veces el perjuicio es mayúsculo. Así sería en el caso de las funciones del lenguaje. En otros momentos el daño no parece tan severo... pero puede manifestarse más adelante, con consecuencias más o menos graves. Por ejemplo, cuando un hijo adolescente no es capaz de respetar límite alguno porque, durante su infancia, las actitudes de sus padres no contribuyeron en nada a que adquiriera buenos hábitos y disciplina.

»La mayoría de mis pacientes presentan dificultades que pueden ser superadas de un modo más o menos sencillo. La conversación diaria que sus papás tienen con ellos les resulta muy estimulante. Con el simple hecho de platicar con sus hijos, ustedes enriquecen su lenguaje. Además, si hay hermanitos menores en casa, ellos también se benefician de las correcciones que los papás van haciendo a su hijo mayor.

La terapeuta dio un giro a la conversación para dar una indicación a la mujer.

—Durante los siguientes quince días, quiero que prosiga en casa trabajando como lo ha hecho hasta ahora. Además, le pido que tome nota de las palabras que Marcos va agregando a su vocabulario.

La doctora miró al niño y le preguntó.

—¿Te gusta venir a jugar aquí?

El niño dijo:

—*¡Ti!*

La doctora explicó:

—Marcos no pronuncia la "s". Por eso dice *ti* en lugar de sí. En la próxima sesión me enfocaré en la articulación de este fonema. Y como nos encanta jugar... ¿verdad Marcos? —dijo, mirando al niño—, voy a pedirle que para la siguiente cita me traiga un pastelito pequeño. Puede ser un simple panquecito o algo que haga las veces de pastel. Aunque, claro, si se le complica, no traiga nada, pues podemos jugar con la imaginación.

—*¿Patel feta?* —preguntó el chico en forma espontánea, demostrando con esto que había estado atento y que había comprendido la conversación anterior.

—Pastel de fiesta —asintió la doctora—. ¿Te gusta la idea?

—*Guta* —respondió el chico con una sonrisa, haciendo un gesto afirmativo con su cabeza.

—Qué bueno, mi vida. A mí me gusta que te guste. —Despidiéndose del niño, la doctora le dijo—, mi rey, por hoy hemos terminado. Vas muy bien. A mí también me gusta que vengas a jugar conmigo. Te veré pronto.

El timbre sonó. La doctora anunció a Marcos y a su madre que había llegado otro de sus pacientes, de manera que los acompañó hasta la puerta y se despidió de ellos, mientras daba la bienvenida a un niño bastante mayor que Marcos. El recién llegado tenía solamente ocho años, sin embargo, a Irene le pareció todo un muchachote al lado de su hijo. La mujer se preocupó de ver a un niño tan "grande" en el consultorio. ¿Sería, tal vez, alguien a quien se le había terminado el periodo sensible para adquirir el lenguaje? Quizá en la próxima sesión plantearía esta interrogante a la doctora, siempre y cuando se atreviera a preguntar para satisfacer su curiosidad.

Camino a casa, a pesar de que ya había comenzado a anochecer, Irene tomó una desviación y se dirigió al centro comercial de su colonia, pues necesitaba hacer el abono mensual en su cuenta de crédito de un almacén. Allí aconteció un incidente que la motivó a acelerar el entrenamiento de su hijo para la adquisición de la "s". En un momento en que Marcos se sentía particularmente cansado e impaciente, allí, en el centro comercial, delante de mucha gente, exclamó:

—*Mánono caca.*

Muchas personas voltearon a ver a la apenada madre. Ella sintió que con sus miradas estaban expresándole reprobación por la conducta de su hijo, pero más aun por no haber enseñado al niño que ciertas palabras son groserías. Es un hecho que algunas formas de hablar se oyen graciosas cuando son pronunciadas por niños menores, pero sonaban grotescas a la edad de Marcos.

Irene conocía a su hijo y enseguida supo que *mánono caca* era su muy personal versión de vámonos a la casa. Pero, al no saber pronunciar la "s", no pudo sino decir *caca*, ante los castos oídos de su madre y de todos los presentes. La mujer reconoció que Marcos estaba aprendiendo a hablar en una edad en la cual lo normal es que un niño ya sepa expresarse con relativa facilidad. El que su hijo no pudiera hacerlo era un factor que la conduciría a pasar un sinnúmero de vergüenzas. Concluyó entonces que lo mejor sería acelerar el entrenamiento de su hijo. Con esto en mente, se aplicó con particular esmero para realizar, junto con su hijo, los ejercicios indicados por la doctora Ramos.

Las siguientes dos semanas fueron muy provechosas. Cada día Marcos sorprendía a sus padres con nuevas palabras. Los enormes logros que su hijo manifestaba ahora parecían sencillos de alcanzar. Irene y su marido se asombraban de no haber sido ellos solos capaces de enseñar a su pequeño a hablar, con el simple uso de su intuición y del lenguaje cotidiano. A pesar de que muchos niños aprenden a hablar sin mayor dificultad, prácticamente sin ayuda, los problemas con los que ellos se toparon los llevaron a reconocer que cada habilidad, cada aptitud, cada función del organismo constituye un verdadero milagro de ingeniería. Por otro lado, sentían que habían sido afortunados de encontrar una persona especializada que pudiera orientarlos acertadamente. Gracias a sus enseñanzas, los esposos comenzaron a percatarse de que, para emitir correctamente ciertos sonidos, resulta fundamental la colocación de la lengua en una forma determinada.

Algo digno de festejo

Pasados quince días, Marcos se presentó en el consultorio con un pequeño pastel. La sesión resultó por demás divertida. Lo primero que la doctora solicitó fue que Marcos soplara una vela imaginaria, con sus labios colocados en posición como para dar un beso. Una vez que lo hizo, le pidió que mostrara sus dientecitos y que sonriera, poniendo su lengua justo detrás de sus dientes. Después de seguir estas instrucciones, añadió una más.

—Con esta posición de tu boca y de tu lengua, ahora te pido que soples.

La doctora sabía lo que ocurriría a continuación, pero dado que Marcos y su madre lo ignoraban, mostraron verdadera sorpresa cuando de labios del niño brotó, en forma clara y contundente, una prolongada "s". Marcos mostró una alegría evidente, lo mismo que su madre.

Enseguida, hablando con lentitud, la terapeuta pronunció una palabra, separando algunas de sus letras y prolongando el fonema "s". Se escuchó ca-sssss-a.

El pequeño ponía atención mientras recibía una nueva indicación:

—Repite junto conmigo esta palabra, Marcos. A ver, ¿cómo decimos casa?

El niño intentó hacerlo, pero fracasó.

—*Cata*—dijo.

La doctora lo tranquilizó.

—No te preocupes. Hoy mismo podrás hacerlo. Pero antes haremos un par de cosas más. Primero vamos a calentar motores; es decir, vamos a ponernos en sus marcas, listos, fuera, porque con sólo unos cuantos intentos, tú vas a lograr pronunciar la palabra en forma correcta. ¿Estás listo?

—*Lito* —respondió el niño, entusiasmado.

La doctora explicó a la mortificada madre:

—En ocasiones los chiquitos tienen dificultad para pronunciar la "s" colocada dentro de la palabra. En esos casos lo común es que articulen una "t", tal y como Marcos lo hace. Así que vamos a proceder un poco distinto. Vamos a comenzar por el sonido "s" final, lo cual posiblemente le resultará más fácil.

Enseguida, mirando al pequeño, dijo:

—A ver, Marcos. Recuerda lo que tienes que hacer. ¿Cómo te enseñé a colocar tu lengua y tus labios para soplar?

El niño obedeció sin dificultad. Colocó su lengua justo detrás de sus dientes y sonrió con los dientes bien apretados, pero con los labios semiabiertos, a fin de que la doctora pudiera ver su dentadura.

La doctora le dio una nueva indicación:

—Manteniendo esa posición, sopla.

—Ssssssssssssss —pronunció Marcos.

—De modo que no tienes dificultad para hacer este sonido ¿verdad?

El niño negó con su cabecita y esperó nuevas instrucciones.

—Voy a decir lentamente una palabra. Escúchala bien. Mientras tanto, vas a fijarte cómo muevo mis labios. Voy a poner mi lengua y mis dientes justo como te enseñé. Cuando termine de hablar, tú repetirás lo que yo haya dicho. —La doctora pronunció—, me-sssssss-aaaaaa-sssssss.

Marcos repitió:

—*Me-t-asssssssssss.*

En este punto de la sesión, ninguno de los tres pudo evitar reírse. Mirando a Irene, la doctora explicó:

—Señora, de modo que podemos confirmar lo que antes le expresé. Marcos pudo pronunciar acertadamente el fonema "s" al final de la palabra, pero no cuando va dentro de ella. —Luego, viendo al niño, le dijo—: A ver, chiquito, vamos a practicar un poco con otras palabras. Como te lo anuncié, hoy mismo te escucharás dominando este sonido.

Enseguida le solicitó:

—Indícame cuál es la posición correcta de tu boquita para pronunciar la "s".

El niño sonrió, mostrando sus dientes, colocó su lengua detrás de éstos, y sopló:

—Sssssssssssss.

—Bien, chiquito. Ahora ve repitiendo cada una de las palabras que yo voy a pronunciar. Recuerda que si escuchas el sonido "s", deberás colocar tu boquita como ya has aprendido a hacerlo.

Sin ninguna dificultad, el niño pronunció palabras tales como más, luz, paz, es, pez, dos, mis, vez y otras. Era gracioso ver cómo se esforzaba por mantener la posición correcta de los labios, mientras articulaba las palabras. La doctora felicitó al pequeño por su desempeño y continuó.

—Ahora fíjate muy bien. Vas a repetir dos palabras juntas, en lugar de una. Mes, has.

El niño repitió:

—Messsss, hasssssssssss.

La madre de Marcos estaba maravillada ante las artimañas empleadas por la doctora. En vista de que su hijo podía pronunciar adecuadamente el fonema "s" al final de palabra, lo único que la terapeuta hizo fue pedirle al niño que repitiera dos palabras seguidas con esa *misma* terminación. Así, al pronunciar el vocablo has después de mes, el resultado obtenido fue messhass o, su equivalente: mesas.

La doctora e Irene aplaudieron. Marcos parecía no dar crédito a lo escuchado. De modo que sí podía hacerlo, después de todo.

—Ha llegado el momento de celebrar, pues Marcos ha sido capaz de pronunciar el fonema "s"

—dijo la doctora, después de pedir a Irene que desenvolviera el pastelito que ella y su hijo trajeron a la sesión.

Era tal el ambiente que se respiraba en el consultorio, que los tres presentes podían sentir una atmósfera especial, propia de un verdadero ritual. No obstante, nadie mencionó nada al respecto. Marcos observaba todo con atención y verdaderamente se esforzó por seguir las instrucciones de la doctora, quien le dijo a continuación:

—Ahora, necesito que repitas cada una de las palabras que voy a ir diciendo. Si aciertas en todas, podrás comerte el pastelito al final de la sesión.

Marcos mostró un ánimo festivo mientras pronunciaba distintas palabras que la doctora le solicitaba, tales como sopa, oso, más, cepillo, muchos, cuántos, luz y muchas otras más.

—Te has ganado tu pastelito —dijo la doctora y lo ofreció al niño.

Aun cuando el pastel era realmente pequeño, Marcos quiso compartirlo con su mami y con la doctora, de modo que los tres festejaron con dulzura los logros del chico.

La terapeuta esperó prudentemente un par de semanas para que el cerebro del niño registrara el nuevo fonema adquirido. Sólo hasta que estuvo segura de que Marcos había dominado el fonema "s" al inicio y final de palabra y entre vocales, pasó a trabajar los sonidos "sp", "st", "sc".

Para ello, nuevamente utilizó la técnica de unir sílabas, pidiendo al niño que repitiera, una a continuación de otra, dos palabras que terminaran con el fonema "s". Así fue cómo procedió en la siguiente sesión:

—Marcos, repite estas dos palabras: paz, tez.

El niño repitió:

—Passsssss, tessssss.

—Bien, Marcos, ahora repite esto: pa-ssss-to.

El niño pronunció:

—Passsssssss-to.

—Correcto. Ahora di: passsss-tellllll.

Claramente, Marcos pronunció:

—Pa-sssssssss-tel.

El niño aludió a recuerdos de la sesión anterior y dijo, entusiasmado.

—Velassssss passsssstel.

La orgullosa madre sonrió, lo mismo que la doctora Ramos.

La terapia se enfocó entonces a trabajar sobre los sonidos "sp" y "sc" de la misma manera que se había hecho con la palabra pastel. Fue así como al repertorio de palabras ya adquiridas, Marcos agregó nuevos vocablos tales como espada, espuma, espantoso, casco, cascabel, poste, postal, apestoso y otras.

—¿Procede usted con sus otros pacientes de la misma manera que con mi hijo? —preguntó Irene a la doctora.

—Cada caso es individual. Hay niños que articulan primero el fonema "s" cuando aparece al principio o a la mitad de la palabra y en cambio tienen dificultad cuando está al final.

—Justamente lo opuesto que mi hijo.

—En efecto. Entonces mis técnicas tienen que ajustarse a cada paciente. Algunos niños pueden fácilmente decir silla, pero no pueden decir plurales. Otros niños, en cambio, no presentan dificultad alguna con los plurales, pero, como le dije, no pueden decir el fonema al inicio de palabra o cuando aparece a la mitad de ella. Incluso hay ocasiones en que tengo que entrenar al niño procediendo a la inversa.

—¿A qué se refiere? —preguntó Irene.

—Para lograr que articulen la sílaba "se", primero tengo que enseñarles a decir "es", porque pueden estar tan amañados, que si les digo "se", enseguida sacan la lengua y dicen "te". Entonces, en lugar de intentar que pronuncien las sílabas "sa", "se", "si", "so", "su", les enseño a pronunciar sílabas inversas, es decir, "as", "es", "is", "os", "us". Sólo una vez que las han dominado, empiezo lenta y gradualmente a agregar una vocal, así: asss-a; esss-e; isss-a, osss-o; usss-a.

—Me imagino que usted no se aburre nunca —señaló la señora—. Su trabajo jamás se convierte en rutina.

La doctora sonrió, complacida. Ella disfrutaba

de su trabajo. Incluso solía repetir: "Pide a Dios encontrar el trabajo de tu vida, para que nunca en la vida tengas que trabajar." Entonces dijo:

—Me siento feliz viendo cómo los pequeños avanzan y cómo esto influye positivamente en el desarrollo de su personalidad.

—Pero no todos sus pacientes son pequeños —observó Irene—. El otro día nos tocó ver a un niño mayor. ¿También viene a terapia?

—Así es —respondió la terapeuta.

—¿Y qué tiene el niño? —preguntó la mujer.

—¿Para qué querría usted saberlo? —la cuestionó a su vez la doctora.

—Como usted me ha dicho que hay un tiempo límite para aprender el lenguaje... Me pregunto si ese niño está en serias dificultades.

—¿Por qué no se lo pregunta directamente? Hoy tienen cita conmigo, justo después de ustedes.

—Me sentiría como una intrusa.

—No se preocupe. Yo puedo ayudarle.

La sesión terminó y, tal y como lo había anunciado la doctora, Lalo llegó junto con su madre en el momento en que Irene y su hijo se disponían a retirarse. La terapeuta aprovechó la oportunidad para presentar unos a otros.

—La señora Irene desea saber por qué Lalo viene a consulta. —Enseguida, con un tono travieso y juguetón, agregó—. Quizá en el fondo teme que retenga de por vida a su hijo en terapia.

Este comentario relajó el ánimo de Irene, quien dijo:

—Cuando vine por primera vez con mi hijo, hace apenas dos meses, Marcos no hablaba para nada. Ahora ya nos comunicamos mucho mejor ¿verdad, mi vida?

Marcos asintió. Ante la apertura de aquella mujer, la madre de Lalo no tuvo reparo alguno en participarle su motivación para traer a su hijo a tratamiento. Lalo tenía defectos en su articulación, a causa de los cuales sufría constantes burlas por parte de sus compañeros de escuela.

Las mujeres se despidieron, aunque surgió entre ellas una amistad, hecho que permitió a Irene conocer mayores detalles sobre la historia del chico.

Punto y modo de articulación

Lalo era un niño de ocho años de edad y cuatro de recibir terapia de lenguaje. Había estado ya con tres especialistas distintos. En realidad, comenzó su tratamiento a la edad de tres años. En los dos primeros, la intervención de la terapeuta consultada resultó muy efectiva, pues logró avances muy favorables en el niño. No obstante, luego de dos años, llegó el momento en que Lalo se estancó, y, tras muchos esfuerzos infructuosos, la especialista derivó al niño hacia uno de sus colegas.

En ocasiones los cambios resultan favorables. Sin embargo, tras dos años más de terapia con dos colegas distintos, Lalo seguía sin manifestar ningún avance digno de mención. Esto ocasionó que su madre optara por abandonar el tratamiento durante un año completo, pues tanto ella como su hijo se sentían fastidiados y cansados de ocupar sus tardes yendo y viniendo para acudir a una terapia que, por demás, resultaba costosa e inútil.

Sin embargo, en la escuela de Lalo se presentó una situación que impidió que la madre siguiera evadiendo el problema. Su hijo comenzó a ser el blanco de las burlas de varios de sus compañeros, quienes se dedicaban a hostigarlo y molestarlo por sus problemas de articulación de lenguaje, particularmente la pronunciación de la letra "r". Incapaz de pronunciar la "r", Lalo decía *puelta* en lugar de puerta; *pela*, a cambio de pera; *fluta*, en vez de fruta, *Tele*, en sustitución de Tere, etcétera. En fin que, sin lugar a dudas, Lalo tenía problemas para articular este fonema que, dicho sea de paso, suele ser el último en adquirirse.

Todos tenemos problemas que podrían ser fácilmente superables, si contáramos con el apoyo del medio. Algunas personas particularmente agresivas parecen dedicar su vida entera a desarrollar estrategias para ocultar sus deficiencias a la vista de los demás, a fin de evitar el riesgo de convertirse en foco de la hostilidad ajena. Y como parte de tales estratagemas, suelen buscar a otros individuos hacia quienes dirigir la atención destructiva. Es una pena que, en lugar de ayudarnos unos a los otros, exista en los seres humanos la tendencia a humillar a quienes la pasan difícil.

Hoy día, en algunas escuelas están instrumentando programas escolares contra la violencia. Hay muchas formas de violencia, y una de ellas era la que Lalo padecía en su escuela, en manos de sus insensibles compañeros. Sólo un liderazgo bien entendido podrá extinguir este tipo de comportamientos.

Las personas necesitamos comprender que nuestros talentos nos han sido dados. No hay razón alguna para vanagloriarnos de ellos, como tampoco existe pretexto alguno para humillar a quien carece de ellos.

Lo que se relata a continuación fue lo que ocurrió en el consultorio. La primera vez que la doctora Ramos estuvo frente a Lalo y lo escuchó hablar, advirtió enseguida su problema. Con esto en mente, pudo ayudarle a resolver buena parte de sus problemas en una sola sesión. Claro que después de ello vendría la práctica en casa. Era fundamental dar al cerebro el tiempo suficiente para cambiar sus registros. Esto requería de quince días de práctica continua.

Puede exponerse así: la emisión de sonidos tiene que ver con puntos y modos específicos de articulación; es decir: dependiendo del sitio en el que uno coloque la lengua y la manera en que saque el aire, serán distintos los fonemas que podrán escucharse.

En general, es normal que cuando un niño empieza a buscar la posición adecuada para articular la "r" se le ocurra sacar la lengua. Esto dará origen a una "t" o una "d", pero nunca a una "r". Más tarde, en el proceso, el niño sube un poco la punta de la lengua, lo cual provoca que emita una "l". Sólo si el niño pliega su lengua en forma de cuchara, al tiempo que apoya la punta en la parte más alta del paladar, será capaz de pronunciar el fonema "r".

La doctora Ramos hizo un primer esquema del paladar y la lengua para Lalo. En éste, le mostró el punto equivocado de colocación de su lengua.

—Esto es lo que tú haces, Lalo —le dijo, señalando el dibujo—. Tratando de pronunciar una "r", tú colocas tu lengua de esta manera: pones la punta de tu lengua en el paladar, muy cerca de tus dientes superiores. Para que logres lo que deseas, necesitas una posición distinta.

La doctora dibujó entonces una segunda imagen con la posición adecuada y le explicó:

—Así es como debes colocar tu lengua, fíjate. La haces como una cucharita, y la pegas al paladar, al centro, hacia arriba. —El niño siguió las instrucciones—. Ahora repite lo que diré a continuación.

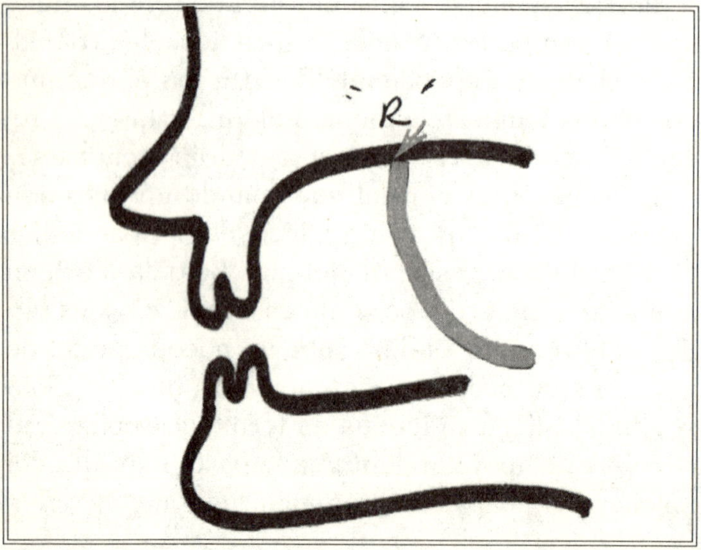

Lalo aguardó atento, consciente de estar haciendo su lengua como cuchara y colocándola arriba, en la parte central del paladar.

—Pera —pronunció la doctora.

—Pera —repitió el niño, y con ojos brillantes de felicidad exclamó—, ¡por fin alguien me dice lo que debo hacer!

La terapeuta sonrió contenta, advirtiendo la inmensa alegría del niño. Luego pronunció:

—Puerta.

—Puerta —repitió el chico.

Con interés, Lalo siguió la explicación que la doctora dio a su madre.

—Muchos terapeutas basan su tratamiento en la repetición. Piden a los niños que se fijen muy bien mientras ellos repiten una y otra vez las palabras, esperando que esto sea suficiente para que los niños superen su problema. Si fuera tan sencillo, ya habrían aprendido a hablar con corrección en su casa. Cuántas veces los papás corrigen a los chiquitos diciéndoles: "No se dice *puelta*, se dice puerta". Los niños lo intentan afanosamente, mas no logran el cometido. Necesitan aprender dónde colocar su pequeña lengua, y esto nadie lo dice, pues en realidad no es algo en lo cual nos fijemos.

—¿Es común este problema en los niños? —preguntó Sandra, la mamá de Lalo.

—Bastante generalizado —respondió la especialista—. Aunque es curioso cómo algunos pequeños se atoran con la "r", mientras que otros no presentan ninguna dificultad con este fonema, pero, en cambio, tienen problemas para emitir la "k", la "s" o alguna otra letra.

—¿Qué hace usted entonces? —preguntó la señora, ávida por aprender.

—De la misma manera que hice con su hijo. Les presento un dibujo donde les muestro cómo ellos colocan su lengua y una segunda imagen en la cual les explico cómo deben colocarla. Hay ocasiones en que también les pido que con su dedito empujen su lengua hacia atrás o hacia arriba, dependiendo el problema que presenten.

La madre de Lalo pronunció unas palabras con lentitud, poniendo atención al movimiento de su propia lengua:

—Taza. Casa. Dado. Dame. Come.

—¿Qué advierte usted?

—Cuando pronuncio la palabra taza, mi lengua toca mis dientes superiores. Cuando digo casa, mi lengua más bien se retrae hacia atrás.

—Exacto —asintió la doctora—. Para articular el fonema "k", de casa debemos retraer la lengua manteniendo la punta hacia abajo y la base de la lengua se levanta tapando la salida del aire desde la parte posterior de la boca. Para la letra "d", la posición es muy parecida a la "t". Para decir come, nuevamente la lengua se echa hacia atrás.

Observando a Lalo, la doctora indicó a Sandra:

—Muéstreme en este dibujo en qué punto coloca usted la lengua para emitir uno u otro fonema.

Lalo escuchaba y observaba a las dos mujeres hablar. Su madre señaló en el dibujo los sitios indicados. La doctora continuó:

—Las terapeutas que trataron anteriormente a su hijo tenían una buena intención, pero esperaban que por mera discriminación auditiva, él lograra la pronunciación adecuada. Esto funciona para algunos niños, pero para Lalo resultó insuficiente. Por fortuna hay otras estrategias disponibles. Lo pertinente ahora es señalarle el punto y modo adecuados de articulación como hice hace un momento y continuaré haciendo a lo largo de su tratamiento.

—¿Cómo? —preguntó Sandra.

—Ya irá viéndolo, pues le pediré que esté presente en el tratamiento de su hijo, a lo largo de todas las sesiones.

—¿Y a usted no le molestará mi presencia?

—De ninguna manera. Al contrario: la necesito. Mi trabajo no servirá de nada si usted no me apoya en casa. Y para que pueda apoyarme, necesito que me vea trabajando con Lalo. —La doctora prosiguió—. Discriminar auditivamente significa ser capaz de distinguir las diferencias de los sonidos, mediante el sentido del oído. Una persona puede tener la habilidad para este tipo de discriminación y, sin embargo, no poder pronunciar adecuadamente un sonido determinado.

—¿Cómo?

—Conocí el caso de un pequeño con dificultades de lenguaje. El niño no fue propiamente mi paciente, pues vive en otra ciudad, a muchos kilómetros de aquí. No obstante, pude dar un poco de asesoría a su madre, cuando menos telefónicamente. El niño fue avanzando poco a poco. Su mamá me llamaba periódicamente para reportarme sus logros, a la vez que sus dificultades.

»En una ocasión me contó que a veces, con afán juguetón, ella nombraba las cosas igual que su pequeño. Esto no le agradaba a su hijo. Él parecía insistir en que su mamá nombrara adecuadamente las cosas.

»Voy a darle un ejemplo concreto, para que capte lo que quiero explicarle. Ese niño tiene un cuento ilustrado de Peter Pan. Es su favorito. No se cansa de ver los dibujos del cuento, y a menudo pide a su madre el libro para hojearlo. No obstante, es incapaz de decir Peter Pan, así que se expresa de la mejor manera que puede, utilizando una aproximación. Entonces dice *Pim Pam*.

»Cada vez que su niño le pedía el libro de *Pim Pam*, la señora le decía: "Ah, quieres ver tu libro de Peter Pan". Él afirmaba con su cabecita, sonriendo, y su madre se lo entregaba.

»Un día en que su mamá se encontraba con ánimo bromista, recibió la misma solicitud por parte de su hijo, sólo que en esta ocasión, ella le dijo:

"¡Ah! Quieres tu libro de *Pim Pam*". Él se mostró molesto y exclamó: "¡No! ¡*Pim Pam*!"

—¿Y luego qué pasó? —preguntó Sandra.

Continuando con el caso, la doctora explicó:

—La señora le insistía: "Sí, mi vida, por eso, quieres tu libro de *Pim Pam*". Y el niño de nuevo protestaba, diciendo: "¡No! ¡*Pim Pam*!" Era evidente que, aun cuando él no podía pronunciar acertadamente el nombre, sí podía reconocer cuándo su madre lo decía mal. La madre jugaba, pero él estaba realmente incómodo, casi furioso.

—Ya entiendo lo que usted quiere decir con discriminación auditiva —dijo Sandra—. El niño era capaz de reconocer que una palabra no estaba bien dicha. O sea, podía distinguir mediante su oído que su mami no estaba diciendo las palabras correctas, pero le faltaba la habilidad de pronunciarlas. Es decir, que no tenía problemas de discriminación auditiva, sino de pronunciación.

—O de articulación, que es la mejor forma de expresarlo —aclaró la doctora—. La apreciación que usted hace es correcta: aun cuando el niño no podía articular las palabras, sí podía distinguir cuándo éstas eran pronunciadas de una manera incorrecta.

—Por eso era insuficiente lo que las terapeutas estaban tratando de enseñar a mi hijo. Lalo necesitaba que alguien le explicara cómo lograr emitir un sonido determinado.

—Exactamente. Y mostrar la colocación de la lengua constituye ese cómo.

—¿Puedo *llevalme*... llevar-r-r-r-me estos dibujos? —preguntó Lalo, tratando de corregir su propia articulación.

—Claro. Son tuyos. Pero ahora quisiera que practicáramos algo más.

La doctora abrió un cajón de su escritorio, sacó una libreta, y, procediendo con lentitud pero sin detenerse en ningún momento, como si de antemano supiera lo que deseaba escribir, comenzó a elaborar una lista de palabras. Una vez que terminó, mostró las palabras a Lalo y le pidió que las analizara brevemente. El chico advirtió enseguida que en todas ellas estaba contenida la letra "r". La doctora le dio las siguientes indicaciones: —Quiero que leas cada una de estas palabras y que pongas atención cuando las pronuncies. Ya sabes cómo. Coloca tu lengua como en el dibujo.

Lalo tomó el listado y leyó en voz alta la primera columna.

—Aro, barón, coro, duro, era, faro, gorila, hora, iris, jirafa, loro, mora.

La doctora dio su aprobación, y el niño prosiguió con la segunda columna.

—Nora, oro, pera, quiero, Sara, toro, Uruguay, vara, Yuri, sarape.

Fonemas suaves y fuertes

La doctora aguardó con atención a que su paciente terminara de realizar la tarea indicada, tras lo cual manifestó:

—Muy bien, Lalo. Has leído las palabras perfectamente bien. Ahora dime qué has notado en todas ellas. ¿En qué se parecen unas a las otras?

El chico respondió:

—Todas llevan sonido "r" en alguna parte de en medio.

—¿Y qué más observas?

El niño permaneció en silencio. Entonces, con la punta de su pluma, la doctora comenzó a señalar las letras que aparecían a uno y otro lado de la "r", en la primera palabra escrita.

—Aquí, Lalo, dice "aro", tal como tú lo leíste. La letra "r" viene acompañada de una "a" y de una "o", pero la "r" está justamente en medio de las dos. ¿Cómo se llaman estas dos letras que aparecen a uno y otro lado de ella?

Lalo continuó en silencio, dudando qué debía contestar. La doctora favoreció la respuesta correcta ayudándolo un poco. Le dijo:

—¿Son vocales o consonantes?

El chico respondió:

—La "a" y la "o" son vocales. Todas las *palablas* de la lista tienen vocales —afirmó el chico, percatándose de su error, pero incapaz de evitarlo—. Aquí apa*r-r-r*ece la "e" en la palabla era. También son vocales la "i" de go*r-r-r*-ila y la "u" de Uruguay. Sé que U*r-r-r*uguay es un país, aunque no sé dónde está.

—Se encuentra en América del Sur, hijo, entre Brasil y Argentina —intervino Sandra, un tanto inquieta porque su hijo seguía cometiendo errores de articulación.

Percatándose de la inquietud tanto de Lalo como de su madre, la doctora los tranquilizó diciéndoles:

—Necesitamos corregir un error a la vez. No se preocupen, ni "coman ansias". Si ustedes siguen las indicaciones que les daré para practicar en casa, en menos de dos meses, Lalo habrá superado completamente su problema.

La mujer respiró, aliviada. El tono seguro de la doctora realmente le inspiraba confianza. Enseguida, volteando a ver a Lalo, la terapeuta prosiguió con el tratamiento diciéndole:

—¿Qué más notas en la lista? —le dijo, estimulándolo a observarla cada vez con más detenimiento y profundidad.

—Usaste el *olden* del abece*dar-r-r*io. Fuiste de la A a la Z, per-r-r-o te *blincaste* la "*gr*". ¿Por qué no la pusiste? —preguntó el chico, señalando el espacio entre las palabras quiero y Sara, donde por lógica debería aparecer la letra "r".

Sin hacer evidentes los errores de articulación del chico, como si no los hubiera advertido, la doctora le explicó:

—La letra "r" puede pronunciarse en dos formas distintas: suave y fuerte. Todas las palabras que escribí en la lista utilizan la "r" en su forma suave. Quiero que practiques ese fonema durante los siguientes quince días. Llévate la hoja y léela en voz alta junto a tu mami. Ella podrá corregirte si cometes algún error.

Luego, volteando a ver a Sandra, le dijo:

—Voy a entregarles una segunda lista de palabras. Un día antes de acudir a la próxima consulta, Lalo deberá leer su contenido en voz alta frente a usted, a fin de que tome nota de su modo de pronunciación. El resto de los días, su hijo practicará leyendo las palabras contenidas en la primera lista.

La doctora puso un número dos en la parte superior de una hoja en blanco. Luego, formando dos columnas como había hecho con la primera lista, escribió las siguientes palabras: arrastrar, borrar, carroza, doctora, ermitaño, fruta, gruta, hogar, Irma, joroba, lirio, morado, nardo, operar, quemar, ratón, sonar, tigre, urraca, varios, yarda, zorro.

La terapeuta dio una indicación más a la señora:

—Con respecto a la primera lista, voy a pedirle que corrija los errores de articulación que cometa su hijo. No así en la segunda. Para la lista número dos, simplemente voy a solicitar que usted tome nota de la lectura que Lalo realice. Ambos observen y pongan atención para advertir lo que él haga. Traten de visualizar la colocación de su lengua al pronunciar las distintas palabras. ¿Está claro?

—Sí —respondió la mujer—. Todos los días, Lalo leerá en voz alta la lista número uno, y yo corregiré sus errores. Un día antes de venir, él leerá en voz alta todas las palabras de la segunda lista, mientras yo tomo nota de su forma de pronunciarlas.

—Perfectamente explicado —dijo la doctora.

Sandra se puso de pie, pues sabía que la sesión había concluido y, junto con su hijo, se dirigió a la puerta, no sin antes despedirse de la doctora. La mujer se retiraba evidentemente animada. Tras tanto tiempo perdido, finalmente veía una salida. Además, se daba cuenta de que las nuevas habilidades adquiridas por su hijo contribuirían todavía más a fortalecer su autoestima.

En los días siguientes a la primera cita, Lalo mostró un avance sorprendentemente acelerado. Esto quedó claramente manifiesto en la lectura en voz alta que cotidianamente realizaba en cumplimiento a la tarea escolar. Lo normal es que los niños adquieran la capacidad de pronunciar la “r” entre los cuatro y los seis años de edad. Lalo ya había cumplido ocho, pero tenía una ventaja a su favor: articulaba adecuadamente el resto de los fonemas.

Si su retraso fuera generalizado, su caso tendría un pronóstico difícil, pues el periodo sensible para aprender el lenguaje ya habría concluido.

Cuando finalmente casi habían transcurrido dos semanas, justo la víspera de acudir a su siguiente cita, Lalo y su madre hicieron el resto de la tarea asignada. En un primer momento, Sandra se mostró optimista, pero luego se desanimó, al advertir que su hijo cometía errores al dar lectura a la segunda lista de palabras. De cualquier manera, intentó no manifestar a Lalo su decepción, sintiéndose un tanto reconfortada de saber que al otro día estarían de nuevo en el consultorio.

Una vez que comenzó la segunda sesión de tratamiento, la doctora Ramos revisó los avances de su paciente. Primeramente comprobó que éste leyera perfectamente bien las palabras de la primera lista. Esto lo hizo para asegurarse de que el niño ya dominaba la "r" suave.

En su práctica clínica evitaba pasar a un segundo nivel de dificultad, cuando los niños carecían de las habilidades propias del primero. Sería el equivalente a querer construir pisos de un edificio sin contar con la planta baja. Por eso la doctora aguardaba a que los niños articularan exitosamente la "r" suave entre vocales. Sólo cuando esto sucedía, iniciaban el trabajo con sílabas compuestas con "l" y "r", como ocurre en las siguientes: pla, pra, bla, bra, fla, fra, gla, gra, cla, cra. Este era el paso a seguir, antes de trabajar la doble "rr" y las sílabas "tr", "tl" y "dr", que dejaba para el final del tratamiento.

Tenía todo cuidadosamente calculado. Por esta razón, sólo hasta que se aseguró de que Lalo leía sin faltas la primera lista, miró a su madre y le dijo:

—Veamos qué ocurrió con la lectura de la lista número dos. —Luego añadió una pregunta—. ¿Trajo usted sus anotaciones?

—No podría haberlas olvidado —respondió la mujer, orgullosa de haber cumplido con su cometido.

La doctora revisó el escrito que Sandra elaboró respecto de la lectura que hizo su hijo de la segunda lista de palabras.

—No conozco el significado de algunas de las *palablas* —exclamó Lalo.

Mostrando interés, la doctora le preguntó:

—¿Cuáles concretamente son nuevas para ti?

—No sé lo que significa *naldo* ni *yalda*.

—¿No te lo dijo tu mami?

—Sí le expliqué, doctora. Le dije que los nardos son un tipo de flores. También le dije que la yarda es una unidad de medida en otros países, así como el metro lo es para nosotros.

—Es correcto, Lalo.

—No quiere creerme —explicó Sandra—. Desde que salimos de su consultorio hace quince días, ya duda de mis palabras. Ahora quiere que usted le diga cómo son las cosas.

La doctora sonrió y preguntó a la mujer.

—¿Por qué cree que lo haga?

—Supongo que se siente más seguro con usted.

—¿Así es como usted lo ve?

—Yo conozco a mi hijo —explicó la mujer—. Sé que sufría intensamente con sus dificultades de lenguaje. Ahora que usted está ayudándole a corregir su problema, le ha depositado toda su confianza.

—¿Es cierto, Lalo? —le preguntó la doctora.

El chico sonrió. La doctora hizo un comentario en favor de la madre.

—Si tu mami no nos ayudara en casa, de muy poco serviría lo que hacemos en el consultorio. Tu éxito depende de muchas personas. Yo les doy algunas indicaciones, pero ustedes tienen que practicarlas durante los días en que no nos vemos aquí en mi oficina.

Luego, dirigiendo su atención a las anotaciones que Sandra había hecho al respecto de la lectura realizada por su hijo en la segunda hoja, manifestó:

—Lalo, veo que te cuesta trabajo articular la doble "r". De eso nos ocuparemos más adelante. Tampoco puedes pronunciar palabras como ermitaño, fruta, gruta, Irma, nardo, tigre y yarda. Para que vayas logrando hacerlo, realizaremos algunos ejercicios. ¿Te parece?

La doctora se acercó a un pizarrón que tenía colgado en uno de los muros de su consultorio y fue escribiendo varias palabras, entre ellas, brazo, prado, franela, gracia, micra.

Una vez que terminó, pidió a Lalo que intentara leerlas.

—*Blazo*, *plado*, *flanela*, *glacia*, *micla* —articuló el chico.

La importancia de la práctica acertada

Sin mostrar decepción alguna, la doctora volvió sobre el dibujo del interior de la cara que había utilizado en la primera sesión y, señalando un punto específico en el paladar, explicó:

—Cuando tú dices *blazo*, colocas tu lengua en esta parte del paladar, hacia delante. Fíjate. Pronuncia la palabra de nuevo, y pon atención a tu punto de articulación. Esto es, al sitio donde colocas tu lengua.

Lalo repitió la palabra, haciéndose consciente de la posición de su lengua.

—Colocaste tu lengua en este sitio —explicó la doctora, volviendo a señalar el punto incorrecto de articulación en el dibujo—. Lo que necesitamos es que coloques tu lengua acá, en el centro y arriba del paladar.

La especialista marcó el punto adecuado y el niño pronunció.

—¡Br-r-razo!

Enseguida Lalo comenzó a jugar con los sonidos, diciendo una y otra vez:

—Bla, bra, bla, bra, bla, bra, bla, bra.

Una vez que se detuvo, se rió, divertido.

—Bien. Ahora quiero que leas la segunda palabra de la lista que aparece en el pizarrón.

—Pr-r-rado —dijo el niño y agregó—: Prado, si coloco la lengua al centro y arriba. *Plado*, si la coloco hacia el frente, más cerca de mis dientes.

—Ahora dime la tercera —indicó la doctora.

—Fra-ne-la —leyó el niño con lentitud, pero en forma correcta, como si se estuviera concentrando con la intención de desempeñarse bien.

Para las dos últimas palabras, el niño leyó exitosamente gracia y micra.

A continuación preguntó:

—¿Qué es micra?

—Otra forma de medida —respondió su madre. Una micra es más pequeña que un milímetro.

Tras felicitar al niño por su correcto desempeño, la doctora borró sus anotaciones del pizarrón. Entonces sacó de su escritorio una enorme hoja doblada, que extendió sobre el pizarrón. Solicitó ayuda a Lalo para pegarla sobre la superficie con cera de Campeche, a fin de no maltratar el material de trabajo. Lalo pudo ver dos columnas de palabras dispuestas en pares. A todas ellas les faltaba una letra, en cuyo lugar aparecía una línea.

La doctora pidió a Lalo que mentalmente completara los espacios de las palabras eligiendo una "l" o una "r", y que leyera qué resultaba de ello.

B_anco	B_azo	Inf_ar	F_ancés
Amab_e	B_eve	F_eco	F_ente
B_indado	B_isa	Conf_icto	Ref_igerar
B_oque	Lib_o	F_otar	F_otar
B_usa	B_uma	Inf_uencia	F_uta
P_ana	P_ado	G_aseado	G_ave
P_egar	P_emio	Ing_és	Tig_e
P_isar	P_imo	Ang_icano	G_is
P_omo	P_ometo	G_otón	G_itón
P_uma	P_udente	G_ucosa	G_uta
C_avo	C_áter	C_óset	C_omo
Chic_e	C_ema	C_ub	C_uel
C_ima	C_imen		

Gracias a la ayuda de la doctora Ramos, el niño no tuvo mayor dificultad en completar la letra faltante. El ejercicio le pareció bastante divertido. Le gustaba ver cómo las palabras podían variar su significado, tan solo por poseer una o dos letras distintas, como en el caso de banco y blanco; pana y plana; pegar y plegar; pomo y plomo; puma y pluma; plomo y pluma, cima y clima; como y cromo; fan y flan; flotar y frotar; glotón y gritón.

Así, jugando con los sonidos, la sesión transcurrió sin que Lalo advirtiera cómo su cerebro creaba nuevas redes neuronales que le permitían articular más y más palabras distintas.

En otro momento, ya casi para concluir, la doctora abrió otro de los cajones de su escritorio, de donde sacó una pequeña bolsa de papel de estraza. Lalo miró con atención cómo la mujer sacaba de ella un enorme pedazo de oblea. También escuchó cuando le dijo:

—Quiero que coloques esta oblea en la parte central y más alta de tu paladar. —El chico se disponía a hacerlo, cuando la doctora lo interrumpió para completar su explicación—. Fíjate muy bien qué vas a hacer. Después de que pegues la oblea contra tu paladar, en su parte más alta justo al centro, debes mojarla un poco con tu lengua, para que quede bien adherida. Una vez que sientas que está muy pegada, irás despegándola poco a poco con la punta de tu lengua, y podrás tragártela. ¿Entendido?

Lalo asintió. Acto seguido, introdujo la oblea en su boca y la colocó en la parte indicada. Cuando sintió que estaba suficientemente mojada y pegada, procedió a retirarla con su lengua.

Mientras el chico se entretenía en esta labor, la doctora explicó a su madre:

—Necesitamos que Lalo desarrolle sensibilidad en su lengua y paladar. Mediante este ejercicio lograremos que entienda las explicaciones que le demos. Le será muy útil para dominar los fonemas faltantes en su repertorio de lenguaje.

La señora se sorprendía cada vez más al comprobar la sencillez de los ejercicios indicados. Por otro lado, deseaba compartir estos pequeños trucos con muchas de sus amigas, cuyos hijos mostraban dificultades para hablar. Así lo expresó a la doctora.

—Veo que es generosa, pero no olvide que una herramienta puesta en manos de alguien sin conocimiento puede conducir a problemas mayores. Usted y su hijo están recibiendo mi atención directa.

—Ya entiendo —respondió Sandra—. Se necesitan años de formación académica, de práctica y de especialización para saber cómo abordar cada caso.

—Así es —convino la terapeuta—. Hay aspectos fundamentales que pasan inadvertidos a quienes carecen de la preparación adecuada. Cuando trabajamos con personas, nos encontramos en un terreno muy delicado. Siempre es recomendable la intervención del especialista.

Cuando la cita terminó, la doctora entregó a Lalo una lista de palabras. El chico reconoció enseguida el ejercicio realizado durante su sesión de tratamiento, pues en dicha hoja pudo leer lo siguiente: blanco, brazo, amable, breve, blindado, brisa, bloque, libro, blusa, bruma, plana, prado, plegar, premio, plisar, primo, plomo, prometo, pluma, prudente, clavo, cráter, chicle, crema, clima, crimen, clóset, cromo, club, cruel, inflar, francés, fleco, frente, conflicto, refrigerar, flotar, frotar, influencia, fruta, glaseado, grave, inglés, tigre, anglicano, gris, glotón, gritón, glucosa y gruta.

Al despedirse, la madre de Lalo manifestó:

—Esta es la tarea para las siguientes dos semanas ¿verdad? Lalo deberá leer en voz alta estas palabras, con el fin de que yo corrija su articulación.

—En efecto.

—También necesito obleas –dijo Lalo, muy pendiente de que las mujeres no lo pasaran por alto.

Ambas se rieron. La doctora los acompañó hasta la puerta y los tres se despidieron contentos. La sensación de triunfo que se adivinaba en el rostro del niño era suficiente para que las dos mujeres se sintieran completamente satisfechas y optimistas.

En casa, Lalo continuó haciendo sus ejercicios, sin necesidad alguna de que su madre lo empujara a ello. Sus logros eran tan evidentes, que eran suficientes para mantenerlo motivado, más todavía porque cada día que pasaba se sentía más seguro de sí. Esto lo condujo a socializar nuevamente con sus compañeros de escuela, de quienes en el pasado se apartó, por temor a ser molestado. La confianza creciente que mostraba en sus capacidades ayudó a que los otros niños comenzaran a mostrarle respeto.

En la tercera sesión de tratamiento, tras comprobar los progresos que Lalo había alcanzado en los días anteriores, la doctora anunció:

—Hoy tendremos una sesión muy divertida, ya lo verás. —Enseguida preguntó al chico— ¿Sabes hacer trompetillas?

A Lalo le pareció inusitado que la doctora planteara semejante pregunta, pero ya empezaba a conocer mejor a su terapeuta, y sabía que de ella podía esperar las estrategias más inverosímiles, de modo que respondió:

—Sí.

—Me alegra —dijo la mujer— porque hoy vamos a hacer trompetillas, ¿te parece?

El chico sonrió.

La doctora lo cuestionó de nuevo:

—¿Sabes hacer trompetillas con los labios, con la lengua de fuera, o con la lengua por dentro de la boca?

El chico permaneció en silencio. Jamás había pensado que pudieran existir distintos tipos de trompetillas. La doctora le mostró cómo realizar cada una de ellas.

—Cuando hagas trompetillas por dentro de la boca, la lengua debe ir recargada en los dientes anteriores. Intenta sacar un sonido parecido a "trrrrrrrrrrr".

Lalo tuvo algunas dificultades para hacer trompetillas simplemente con sus labios. Por otro lado, con la lengua, tanto adentro como afuera de la boca, no tuvo problema alguno.

A Sandra le causaba mucha gracia estar dentro de una sesión de terapia, viendo a su hijo y a la terapeuta resoplando como viles chiquillos.

Gran parte de la sesión transcurrió en medio de

trompetillas, aunque la doctora también ocupó algún tiempo en repasar los fonemas anteriormente adquiridos. No era conveniente avanzar demasiado aprisa, y para dar el siguiente paso en el tratamiento de Lalo, era importante que él practicara las trompetillas, cuando menos durante dos semanas. Ya para finalizar la sesión, la doctora recordó a su paciente:

—Tu tarea para los siguientes quince días será hacer trompetillas tal y como te enseñé.

—Okey —respondió el chico. Todavía incapaz de pronunciar correctamente el fonema "tr", añadió—, haré *tompetillas*.

—Es importante que lo hagas —respondió la doctora—. Si practicas suficientes trompetillas, en tu próxima cita podrás decir bien esa palabra.

Tranquilizado con este comentario, Lalo no tuvo entonces reparo alguno en repetir, aunque incorrectamente, las instrucciones dadas por la doctora:

—Debo pr-r-r-acticar *tompetillas* con la lengua afuera, *tompetillas* con la lengua *adento*...

—No olvides añadir que la lengua debe ir recargada en los dientes anteriores —interrumpió su madre.

—También debo hacer muchas *tompetillas* con los labios.

PERSIGUIENDO EL SONIDO "TR"

Pasados quince días, Lalo se presentó nuevamente a consulta. Desde que la doctora abrió la puerta que daba al exterior de la calle, el chico entró haciendo gala de su habilidad con singular maestría: hacía perfectamente sus trompetillas, con los labios, con la lengua fuera y con la lengua dentro.

—Muy bien —dijo la doctora—. Con un paciente tan cooperador, todo resulta sencillo.

Lalo sonrió.

—¿Estás listo para aprender una nueva habilidad? —preguntó la terapeuta.

—¿Qué h*a-r-re*mos hoy?

—Como ya practicaste tus trompetillas básicas, ahora podemos dar un paso más. Hoy te enseñaré a hacer una nueva trompetilla que tiene un grado más alto de dificultad. Fíjate bien. Vas a colocar la punta de tu lengua en la parte central de tu paladar. Pero debes cuidar de no subir la base de la lengua. Esto, con el fin de que el aire salga con claridad.

Lalo lo intentó varias veces, sin éxito. De una

u otra manera, siempre la base de la lengua quedaba demasiado pegada al paladar, con lo cual el aire no salía con suficiente claridad.

La doctora tomó dos carritos del anaquel y le dijo:

—Imagina que estamos en el Gran Premio de la Fórmula Uno. Tú eres un competidor y yo soy otro. Vamos a fingir que encendemos los motores de nuestros carrazos y que vamos a empezar a calentarlos. Fíjate cómo lo hago.

La doctora tomó un carro rojo y comenzó a hacer un fuerte sonido, mientras pretendía estar acelerando el motor, como si estuviera dando arrancones, sin mover el coche de su lugar:

—Trrrrrrrrrr, trrrrrrrrrrr, trrrrrrrrrrr —pronunció.

Entonces dijo al niño:

—A ver, Lalo. Ahora es tu turno. ¿Cómo lo haces?

El chico tomó su carro y exclamó:

—*Gggggrrrrrrrrrr, gggggrrrrrrrrrrrr, ggggg-grrrrrrrrrrr.*

La doctora dijo:

—Haremos unas gárgaras primero.

Tenía un garrafón de agua en el consultorio, de modo que no tuvo que salir de la oficina para alistar el material de trabajo. Sacó un par de vasos de dentro de una pequeña alacena, próxima al garrafón, y los llenó de agua hasta la mitad. Luego preguntó a la madre de Lalo, si ella también deseaba un poco de agua. Ante la negativa de la mujer, prosiguió su actividad con el niño.

—¿Has hecho gárgaras alguna vez?

—Sí —respondió Lalo.

—Muy bien, entonces. Toma un poco de agua y haz gargaritas. Cuando necesites escupir, lo harás aquí—, le dijo señalándole un pequeño lavabo, justo en el rincón de su consultorio.

El niño obedeció e hizo una serie de tres gárgaras. Una vez que terminó, dijo a la doctora:

—Ahora te toca a ti.

—Por supuesto —dijo la doctora, sabiendo que a los niños les gustaba verla haciendo los mismos ejercicios que les indicaba—. Pero antes debes decirme cómo colocabas tu lengua mientras hacías las gargaritas.

El niño dudó un instante y luego respondió.

—No me fijé. ¿Tenía que haberme fijado?

—¿Qué crees tú?

El chico respondió:

—Claro. No lo pensé antes. Todo lo que hacemos aquí es para mi lenguaje.

—Así es. Necesitas aprender a observarte, a poner atención a lo que haces. Haz gárgaras de nuevo, y pon atención.

El niño repitió el ejercicio. Terminó y anunció:

—Mi lengua va hacia *atgás*. No toca el paladar. Cuando menos no que yo me dé cuenta —dijo el chico, percatándose de haber dicho mal la palabra atrás.

—Por eso no puedo decir bien la palabra *atgás* ¿verdad?

—En efecto —asintió la doctora—. Vamos a colocar la lengua en su posición correcta, pero sólo después de que yo haya hecho mis gargaritas. Yo cumplo con mis compromisos.

El niño se rió, divertido, y atestiguó cómo la mujer estuvo dispuesta a seguir adelante con el juego. Una vez que terminó, dijo a Lalo:

—Necesitamos colocar la lengua arriba y al centro en el paladar. Así es como le haces para pronunciar la "r" suave en palabras como aro, faro, paro, etcétera, sólo que ahora deberás detener el aire durante más tiempo. También deberás pronunciar con más fuerza. Fíjate. La lengua va colocada de distinta manera si dices vara o barra.

El niño intentó decir una y otra palabra, pero fracasó con la segunda.

La doctora volvió al asunto de los carros de carreras y anunció.

—Sigamos jugando a los arrancones.

Tomó su carro rojo, inspiró exagerando el movimiento y luego colocó su lengua en la posición correcta y pronunció con fuerza:

—Trrrrrrrr, trrrrrrrrrrrr, trrrrrrrr.

El niño lo intentó una y otra vez hasta que, al fin, emitió un sonido parecido al de un motor en marcha. Tomó entonces el otro carro, y comenzó a jugar con él, diciendo:

—Trrrrrrrrrr.

La madre de Lalo aplaudió, emocionada. Lalo sonrió, satisfecho. La doctora anunció:

—Has aprendido a hacer una trompetilla imperial.

—¿Imperial? —preguntó Lalo, con sorpresa.

—¡Bueno!, ¡Digo! Por llamarla de alguna manera. Hay que hacer que todo parezca magistral, ¿no te parece?

—Magist..., magist..., *magistal* —repitió el niño, decepcionado al constatar que todavía no dominaba el fonema "tr".

—Hoy saldrás de este consultorio pronunciando perfectamente ese sonido, de modo que no te apures. Sólo que para ello necesitas practicar un poco más la trompetilla imperial.

—¿Usted le puso ese nombre? —preguntó Sandra con curiosidad.

—En efecto, para darle un aire de superioridad —respondió divertida, y agregó—. He observado que muchos niños con problemas para articular el sonido de la "r" suave o fuerte, también presentan dificultades para dar los sonidos "tr" o "dr", que utilizamos en palabras tales como trompeta, tragón, dragón, drama, dromedario, trabar, triste, tres...

—Ahora recuerdo un trabalenguas que mi papá

solía repetir cuando mis hermanos y yo éramos niños. Tenía que ver con tres tristes tigres que tragaban trigo en un trigal.

—¿Te gustaría aprender ese trabalenguas, Lalo? —preguntó la doctora al niño—. Necesitaríamos que pronunciaras el fonema "tr".

Lalo se quedó como paralizado, pues, dentro de su mente, estaba tratando de repetirlo, pero no encontraba la manera de crear tal sonido.

—No te apures, mi vida —lo tranquilizó su madre—. La doctora te enseñará cómo hacerlo.

La doctora tomó un libro de su anaquel y se lo entregó a Lalo. El chico leyó mentalmente el título, pero no lo pronunció. La terapeuta le preguntó:

—¿Cómo se llama el cuento?

Lalo dudó antes de pronunciarlo. Claramente se veía que estaba haciendo un gran esfuerzo por colocar su lengua de alguna manera que resultaba nueva para su cerebro. Por eso le parecía tan difícil.

—No te mortifiques, Lalo. Es como todo. Cuando empezamos a aprender una nueva habilidad, nos cuesta trabajo. Pero una vez que obtengas la respuesta correcta, te será más fácil repetirla. No tenemos prisa. Quédate tranquilo.

Nuevamente Lalo se quedó como pasmado. De pronto, con dificultad, pronunció:

—Tr-rrrrrrranquilo.

—¡Bien!, Lalo. Cierra tus ojos. Visualiza tu lengua dentro de tu boca. Repite el sonido. Recuérdalo.

Sólo la punta de tu lengua debe tocar la parte central de tu paladar.

Con plena concentración y esfuerzo, Lalo repitió:

—Centr-rrrrrrrrrral.

Dado que la doctora advirtió que el chico estaba muy pendiente de palabras pronunciadas en la sesión que poseyeran este fonema, le dijo:

—Veo que tienes gran iniciativa, Lalo. ¿Te gustaría hacer una lista de palabras con el sonido "tr" y "dr"?

Lalo asintió y la doctora le ofreció un papel y una pluma, ante lo cual, el chico comenzó rápidamente a escribir: dragón, drástico, piedra, hiedra, hidra, taladro, tragar, tramar, trabar, tratar, trabajar, transporte, trámite, traspiés, tremendo, trigo, triste, trotar, trampa, trampolín, truco, tru-tru. De modo que, aun cuando le era difícil pronunciar el fonema, no tenía problema alguno para localizarlo en distintas palabras.

La doctora quedó encantada, pues, en realidad, lo que Lalo había hecho en el papel se ajustaba perfectamente a la siguiente actividad que ella había ideado para el chico. Así que tomó el cuento que anteriormente ofreció a Lalo. En su cubierta, libre de ilustraciones, se podía leer un título, que ahora el chico no tuvo reparo alguno en pronunciar, aunque con algo de dificultad.

—El dr-rrrrrrrragón tr-rrrrrrrragón —leyó.

Lalo tomó el libro y lo abrió, curioso de conocer su contenido, pero quedó sorprendido al descubrir que las páginas interiores estaban completamente en blanco.

—¿Qué pasó aquí? —preguntó.

—Que el cuento no ha sido escrito aún —dijo la doctora—. Solamente existe la portada.

La madre de Lalo rió de buena gana. Le gustaba conocer los distintos recursos que la terapeuta utilizaba para motivar a los niños. Todo era siempre tan nuevo, que no había manera de aburrirse. La señora sabía que su hijo disfrutaba de las sesiones, más aún porque los resultados se habían dejado sentir con rapidez.

—¿No hay cuento? —preguntó el chico, incrédulo, pero a la vez divertido. Ya antes había descubierto que en su tratamiento más le valía aprender a esperar lo inesperado.

—Ya sé. Yo tengo que inventarlo.

—Has acertado, Lalo. Vas a inventar un cuento, pero para ello deberás utilizar, cuando menos, diez de las palabras que anotaste. —La terapeuta señaló la lista que apenas unos minutos antes el chico había elaborado.

—Que mejor sean veinte —dijo el chico, tras contar la cantidad de palabras que había anotado sin mayor esfuerzo.

Una prodigiosa inteligencia verbal

Las dos señoras se sorprendieron de ver la rapidez con la que el chico escribió una pequeña historia. Nunca antes ninguna de ellos se percató de la enorme riqueza de vocabulario que Lalo tenía. Parecía un hábil prestidigitador especialmente entrenado en manipular palabras. La doctora preguntó:

—¿Lees mucho, Lalo?

—Sí. Me gusta mucho leer.

Su madre intervino.

—Lalo ha sido siempre un niño solitario. Por eso, cuando su papá y yo descubrimos su gusto por los libros, empezamos a hacerle una pequeña biblioteca. No sé, quizá hicimos mal porque con esto, lo único que provocamos, es que él se encerrara todavía más en sí mismo. Casi no tiene amigos.

La doctora respondió:

—Es muy bueno que los niños lean. ¡Qué maravilla que su hijo ya tenga el hábito de la lectura! Créame que los felicito. En el caso de Lalo, muy probablemente sus dificultades de lenguaje contribuyeron a su aislamiento. Ya verá usted que una vez que supere sus problemas, él empezará a tener más amigos.

—¿Por qué lo dice? —preguntó la mujer, consciente de que, en efecto, su hijo ya empezaba a recibir llamadas telefónicas de algunos compañeros y compañeras de escuela.

—Porque cada vez manifestará más seguridad y confianza en sí mismo, y empezará a socializar más. Espero que conserve su gusto por la lectura y que aprenda a equilibrar su vida social con otro tiempo destinado a sí mismo. Esto es fundamental.

—Dudo que deje sus libros —repuso Sandra.

Lalo sonrió y dijo:

—Yo tampoco lo cr-reo.

El resto de la sesión se ocupó en trabajar el fonema "tl", que no representó mayor problema para Lalo, una vez adquiridos los sonidos "tr" y "dr".

—Yo quiero decir palabras que llevan estas letras —dijo el chico, emocionado.

—¿Cuáles se te ocurren? —le preguntó la doctora.

—Tl-llllllláloc, Tl-lllllllla-te-lol-co, Cuautl-llllla, Atl-llllas, Atl-lllllllante, Tr-rrrrrans-a-tl-llllán-ti-co, Tl-llllla-cua-che —respondió.

La doctora lo miró y le dijo:

—¿Te gusta jugar al Scrabble?

Lalo desconocía aquel juego, y así lo manifestó. La doctora tomó uno del anaquel. Dado que la sesión ya estaba por terminar, sólo hubo tiempo para que la doctora hiciera alguna demostración, explicando al niño algunas de las reglas del juego que orientaban la colocación de las fichas en el tablero.

El chico quedó fascinado de conocer un juego de mesa que implicara la construcción de palabras. Y su madre, viéndolo tan entusiasmado, le dijo.

—Cuando la doctora te dé de alta, como premio, tu papá y yo te compraremos un Scrabble de regalo. ¿Te parece?

Aun cuando Lalo no requería de un estímulo adicional para aplicarse con sus ejercicios, puesto que él mismo estaba motivado a realizarlos, este gesto de su madre contribuyó a que una vez más comprobara que sus papás realmente estaban ahí, ayudándolo y actuando en favor de su crecimiento. Y ¿por qué no?, también así apoyaban su salud y su felicidad.

—Creo que es suficiente por hoy. Podemos darnos por satisfechos ¿verdad? —señaló, mirando a Lalo y a su madre.

—Sí —dijeron al unísono.

—Muy bien, entonces. Voy a pedirles que en los próximos quince días, practiquen pronunciando distintas palabras que lleven el sonido "tr" y "dr". También deberán practicar las palabras antes aprendidas. No se preocupen si empiezan a ocurrir nuevos errores. Es natural. El cerebro tiene que modificar algunas de sus conexiones, a fin de no articular las palabras como antes lo hacía. Esto significa que deberá cambiar sus registros. Sus células, llamadas neuronas, tienen que construir nuevos caminos y hacer que otros desaparezcan. En el proceso, cometerá errores. Seamos pacientes. Démosle tiempo. Aquí estaré para ayudarlos tantas sesiones como Lalo necesite, aunque, viendo cómo vamos, casi puedo anunciarles que sólo nos restan dos más.

—¿Con sólo seis sesiones de terapia mi hijo habrá sido dado de alta?

—Tal y como lo oye, si su hijo practica bien los ejercicios señalados.

Madre e hijo sonrieron satisfechos, con una gran sensación de éxito en el corazón.

En la siguiente sesión, la doctora nuevamente evaluó los progresos más recientes del chico. Para ello anotó algunos enunciados en el pizarrón y pidió a Lalo que los leyera en voz alta.

—El aro es de oro; Esa fruta es una pera; Blanca puso crema a sus fresas; El niño travieso hizo trampa en el Scrabble.

Cuando Lalo terminó, sonrió complacido. La doctora Ramos anunció:

—Hoy trabajaremos con el sonido de la doble "r". Éste es más difícil de pronunciar que la "ere" suave, que ya dominas muy bien. También es más difícil que los sonidos "tr" y "dr", que repasaste a lo largo de estas dos últimas semanas. Ya hemos visto que no puedes pronunciar palabras como arrastrar, borrar, carroza, urraca y zorro. Tampoco tienes éxito diciendo palabras como ratón. Aunque ésta no tiene doble erre, comienza con esa letra, y ésta, cuando va colocada al principio de una palabra, se pronuncia fuerte, como si fuera doble.

Para todas estas palabras, Lalo utilizaba una "r" afrancesada que sonaba casi como una "g". De esta manera, el niño pronunciaba *agastrag, bogag, cagoza, ugaca, zogo* y *gatón*. La doctora explicó:

—Cuando acuden a mi consultorio para corregir la "r", es muy común que los niños traigan muchas mañas, pues muchas personas han intentado enseñarles la pronunciación correcta, y, con el deseo de agradarles, los chicos han procurado emitir la doble "erre", a como dé lugar. Pero como nadie les ha explicado lo que deben hacer con su lengua, sólo se guían por el sonido, y lo más probable es que lleguen a consulta articulando una "r" afrancesada, tal y como lo hace Lalo.

»Para emitir este sonido, su lengua está echada hacia atrás, con la base de la lengua tocando la parte posterior del paladar. Esta posición provoca que pronuncien *pego*, por perro; *caguetega*, por carretera y *gosa*, por rosa. El problema es que los niños ya se acostumbraron a dar un punto de articulación incorrecto, y ahora dependeremos de su deseo y motivación para corregir su manera de hablar. Tendrán que estar dispuestos a hablar con mayor lentitud y a marcar correctamente el punto de articulación. Esto lo logran al hacer la lengua como cuchara y tocar la parte alta central del paladar. Ahí deben detener por un momento la salida del aire con la lengua, a fin de producir el sonido "erre".

En esta explicación, tanto Lalo como su madre reconocieron algunos de los conceptos que la doctora les había señalado desde la primera sesión. La especialista prosiguió:

—He comprobado que los dibujos resultan excelentes para ayudar a mis pacientes a superar este problema. Es la mejor manera que se me ocurre de mostrarles cómo se deben articular ciertos fonemas.

Lalo recordó los dibujos que la doctora le había hecho en las sesiones anteriores, y asintió. La terapeuta añadió:

—Me gusta hacer un dibujo de la cara vista por dentro, y les ilustro la lengua diciéndoles cómo debe curvearse para tocar el paladar. En esta posición, deben hacer una trompetilla. Para la mayoría de los niños esta explicación resulta suficiente para imitar esa posición de la lengua. Sin embargo otros necesitan ver una demostración. Entonces les enseño la colocación de mi lengua. Cuando esto no es suficiente, les pido que se empujen su propia lengua con los dedos, hasta que consiguen la posición correcta. Una vez que se escuchan a sí mismos articulándola bien, se animan y se esfuerzan en producirla en todas las palabras. No es de sorprender que luego empiecen a pronunciarla incluso en palabras que no poseen ninguna "erre".

La doctora dio a Lalo la siguiente instrucción:

—Trata de formar una curva con tu lengua, como si fuera una cuchara.

El niño intentó hacerlo. La doctora añadió una nueva indicación:

—Ahora, manteniendo esa forma en tu lengua, toca con ella la parte alta central de tu paladar.

Lalo obedeció. La terapeuta agregó:

—Lo que ahora quiero que hagas es detener un momento la salida del aire con tu lengua.

Lalo siguió las indicaciones y escuchó cómo de su boca brotaba claramente el sonido "erre". Su madre aplaudió, gozosa. La doctora felicitó al chico y enseguida tomó el carro rojo del anaquel y le preguntó:

—¿De qué color es mi carro?

Lalo intentó colocar su lengua en el centro del paladar, pero sus malos hábitos de articulación lo condujeron a pronunciar:

—*¡Grrojo!*

Sin perder su tranquilidad, la doctora preguntó.

—¿Qué está fallando, Lalo? ¿Qué estuvo mal hecho?

—Llevé la lengua hacia la garganta.

—¿Y qué debes hacer?

—Colocar-r-r-la en el cen-tr-r-o del paladar, *a-gr-r-iba*. Después, con la lengua ahí, debo hacer una tr-rrrompetilla, deteniendo el aire.

La doctora asintió y dio una indicación más:

—Quiero que te laves las manos y que, con uno de tus dedos, empujes tu lengua hacia arriba, al centro de tu paladar.

Después de lavarse, Lalo introdujo las mano derecha en su boca y, con un dedo, empujó desde abajo su lengua para ayudarla a doblarse hacia arriba como una cuchara, cuidando que la punta tocara el centro del paladar.

—Ahora intenta hacer una trompetilla —ordenó la terapeuta.

El chico hizo lo indicado y escuchó el resultado, permaneciendo atento a una nueva instrucción. La doctora dijo:

—Retira el dedo de tu boca. Ahora quiero que imagines tu dedo presionando tu lengua hacia el centro y arriba de tu paladar. Al mismo tiempo, intenta llevar el aire desde tus pulmones hasta tu boca, pero antes de sacarlo, mantenlo dentro un instante, como si quisieras aprisionarlo con la lengua.

—Rrrrrrrrrrrrrrrr —pronunció el chico, sorprendido al descubrirse capaz de emitir tal sonido.

—¡Bien! —exclamó la doctora.

—¡Bien, hijo! —exclamó Sandra a su vez.

La doctora tomó nuevamente el automóvil colorado y preguntó:

—¿De qué color es mi carro?

Lalo respondió:

—R-rrrrrrojo.

La doctora le indicó:

—Quiero que digas carro rojo. Tómate tu tiempo. Cierra tus ojos. Visualiza tu lengua. Imagina dónde debe estar colocada. Recuerda que debes sacar el aire con fuerza, pero manteniéndolo un instante entre tu lengua. Cuando estés listo, pronuncia las palabras.

El niño actuó conforme a lo indicado y lentamente exclamó:

—Tu carrrrro es rrrojo.

—Muy bien, Lalo. Me imagino que estás contento de escuchar que puedes hacerlo bien. Ahora vamos a hacer una cosa más. —La doctora tomó una hoja de papel y escribió.

“Rama, rema, rima, Roma, rumiar.”

Dio la indicación a Lalo para que leyera el contenido. El niño dijo:

—Rrrrama, rrrreeema, rrrrrrima, Rrrrrroma, rrrrrumiar.

La doctora Ramos escribió un segundo renglón de palabras y nuevamente pidió a Lalo que las leyera:

—Rrrata, reeeeeta, Rrrrrrita, rrrrrota, rrrrrruta.

La terapeuta felicitó al chico por su buen desempeño. Enseguida escribió un enunciado en un pizarrón y le pidió que lo leyera.

—El gorro de Rita es rojo —Lalo expresó su satisfacción y exclamó—. ¡Qué fácil! ¡Sólo necesitaba entender dónde poner mi lengua!

Para la próxima sesión, que era la última de su tratamiento, Lalo trajo un libro de trabalenguas, obsequio de su papá. Lo abrió en una página que previamente había señalado con un separador, y, orgullosamente, en voz alta leyó: “Rápido corren los carros cargados de azúcar del ferrocarril.”

Estimulación del lenguaje

Mariana era una pequeñita de cuatro años, quien llegó al consultorio casi por casualidad. Si sus padres no hubieran conocido a la doctora Ramos unos días antes, jamás habrían notado que su hija estaba adquiriendo malos hábitos de lenguaje que, de no corregirse ahora, ocasionarían problemas más complejos y con mayor resistencia al tratamiento.

Gracias a una conferencia que la doctora impartió en el jardín de niños al cual acudía su hija, tanto los señores Vélez, padres de Mariana, como muchos otros padres de familia, pudieron conocer la importancia de ofrecer a sus hijos ambientes ricos en estímulos, no sólo para el aprendizaje de la lengua, sino para el desarrollo del cerebro en conjunto.

La maestra Larios, directora del jardín de niños, invitó a la doctora Ramos a dar una charla en su escuela, pues la experiencia le había hecho notar que, a menudo, los padres descuidan el lenguaje de sus hijos porque piensan que éste se irá corrigiendo por sí solo con la edad, al paso de los años.

Pero como esto no necesariamente es verdad, la maestra deseaba hacer a un lado algunos mitos, de modo que todos salieran beneficiados.

—Un niño de tres años puede conocer la diferencia entre un barco, una canoa, un velero, una lancha y un yate –dijo la doctora a un grupo de unos cuarenta papás reunidos aquella noche en el jardín de niños—. Lo común es que nosotros, los padres, les enseñemos que todos son barcos. No solemos enseñarles sinónimos, ni acostumbramos enriquecer su vocabulario utilizando palabras más específicas. Lo que quiero decirles es que sus hijos tienen muchas más capacidades que las que ustedes creen. Cuando son pequeños, su cerebro está ávido por aprender. Las pequeñas células que conforman las redes de comunicación de su cerebro están hambrientas de estímulos. Cuando reciben estimulación adecuada, no pierden la ocasión de conectarse unas con otras. Me gustaría transmitirles la importancia de que las células llamadas neuronas se conecten entre sí. Mientras más conexiones realicen, sus hijos manifestarán más capacidades. Y una forma de estimular o ayudar a que esto ocurra es enseñándoles un rico vocabulario.

»Una investigación reciente manifiesta que la estimulación de los padres varía en los distintos grupos sociales —continuó explicando la doctora—. Señala que los padres de familia que son empleados ocupan más del doble de tiempo que los desempleados para convivir con sus hijos. Y en particular con respecto al lenguaje, cita que los hijos de empleados pueden oír en promedio 2100 palabras por hora y los hijos de obreros, 1200, mientras que los hijos de padres desempleados quizá escuchen tan sólo 600. En cuanto a comentarios positivos por hora, los hijos de empleados pueden recibir más de treinta por hora, mientras que los hijos de obreros recibirán la mitad, y los hijos de desempleados, la quinta parte, es decir: seis comentarios positivos contra doce negativos.

»Todo lo que hacemos o dejamos de hacer tiene consecuencias en nuestros hijos. Nuestros actos, nuestras omisiones, nuestras palabras y nuestro silencio. Lo que distingue al ser humano del animal es su capacidad de abstracción y simbolización. Estas capacidades se construyen a través del uso del lenguaje. Seamos generosos con el uso de la palabra. Hay tantas cosas que queremos hacer por nuestros hijos. Comúnmente equivocamos el camino, y los llenamos de cosas. No necesitamos niños materialistas. Necesitamos niños capaces de expresarse, hábiles para comunicarse y para saber escuchar y comprender a los demás.

»Es maravilloso conocer cómo los niños van adquiriendo el lenguaje —agregó con entusiasmo la doctora—. Una de las primeras cosas que hacen es formarse hipótesis, es decir, hacen suposiciones acerca de lo que una palabra incluye o excluye. Por ejemplo, cuando están aprendiendo a hablar, llega el momento en que descubren los perros. Es posible que aprendan a llamarlos *guagua*, pues es común que así les enseñen sus padres a nombrarlos. En su proceso de inclusión y exclusión, llegará el momento en que comenzarán a utilizar la expresión *guaguá* para incluir a todos los animales de cuatro patas. Gracias a las correcciones que ustedes les van marcando conforme ellos hablan, sus hijos aprenden en forma gradual que también hay gatos, caballos y vacas. En fin, van aprendiendo que ciertos vocablos incluyen unos objetos pero no otros.

»Los invito a que tengan confianza en las capacidades de sus hijos y que, en lugar de facilitarles y simplificarles las cosas, los estimulen a progresar, pidiéndoles siempre un poco más de lo que ya son capaces de dar. En ocasiones tememos usar palabras que suponemos les serán difíciles de aprender, y empleamos otras inventadas por nosotros. Es como si desconfiáramos de sus habilidades y los juzgáramos incapaces. Esto equivale a devaluarlos.

Una madre de familia intervino:

—¿Es correcto que enseñemos a nuestros hijos palabras como *guaguá, miau* y otras así para referirse a los animalitos?

—Eso se llama utilizar la onomatopeya. Consiste en auxiliarnos de los sonidos que hacen los animales para referirnos a ellos. Digamos que no está mal, pero nuestros hijos pueden más que eso. ¿Por qué no los ayudamos a dar un paso adelante?

Otro padre de familia tomó la palabra y dijo:

—Yo soy médico psiquiatra. Uno pudiera pensar

que un especialista, como yo, sabe todo lo relacionado con la educación de los niños. Pues déjenme decirles que no es así. Cuando mi esposa y yo inscribimos a nuestra hija a este jardín de niños, ella comenzó a mejorar notablemente en su comportamiento. A pesar de que su mamá y yo estábamos tratando de hacer lo mejor para educarla correctamente, creo que ella nos rebasó. En realidad no sabíamos ponerle límites y se había hecho muy berrinchuda. Además tendía a aislarse de los demás. Cuando íbamos a fiestas o reuniones, no solía jugar pacíficamente con los otros niños. Invariablemente se las arreglaba para ocasionar problemas. Nosotros estamos sumamente agradecidos con la directora, porque, desde nuestro punto de vista, el ambiente de esta escuela ha sido terapéutico para nuestra hija.

La maestra Larios sonrió. El médico continuó:

—Yo me sentía doblemente preocupado por los problemas que teníamos con mi hija, pues debido a mi profesión continuamente trato a pacientes con desórdenes de comportamiento. ¿Cómo creen que me sentía de no poder controlar a mi propia hija?

Su esposa intervino:

—La directora nos orientó acerca de cómo poner límites para disciplinar a nuestra hija.

El doctor continuó:

—Como dice el refrán: "En casa del herrero, cuchillo de palo."

Dirigiéndose al médico, la directora aseguró:

—Doctor Jiménez, usted y su esposa nunca antes habían tenido un hijo, así que, por más grados académicos que tuvieran, se enfrentaban a una situación totalmente nueva.

A lo que el doctor respondió:

—La maestra Larios hará cualquier cosa que esté en sus manos por ayudar a sus alumnitos y a sus familias. Y eso es justo lo que hace ahora. Por eso ha invitado a una especialista para que nos hable de la importancia del lenguaje en nuestros hijos.

La doctora Ramos aprovechó la sencillez del médico y sus generosas palabras para invitarlo a enriquecer el contenido de la charla. Él se sintió encantado de poder compartir sus conocimientos con los presentes, pero también manifestó su preocupación de que quizás se explayaría demasiado en su explicación, y que no deseaba tomar tiempo de la charla. Su esposa lo animó, diciendo:

—Imagina lo que me explicarías a mí en una sobremesa. ¿Qué datos interesantes podrías compartir conmigo, sin provocarme un "empacho"?

La doctora Ramos apoyó aquella moción, al igual que el resto del público. Entonces el doctor Jiménez, comenzó su exposición:

—El cerebro se vale del mundo exterior para construirse y reensamblarse. En respuesta al medio, continuamente está experimentando cambios físicos y químicos. Prácticamente cualquier experiencia puede modificar su arquitectura: los sonidos, las imágenes, los olores, las sensaciones táctiles... De hecho el aprendizaje ocurre gracias a la constante modificación de la red de miles de millones de conexiones cerebrales, que no dejan de fortalecerse o debilitarse en respuesta a los estímulos del entorno.

La atención de todos los presentes estaba completamente clavada en el médico, quien continuó.

—La principal tarea del cerebro de un bebé es conocer el mundo donde va a vivir y aprender formas de subsistir en él. El cerebro de un pequeñín recién nacido forma hasta tres mil millones de conexiones por segundo. A los ocho meses, cuenta aproximadamente con cien mil millones de ellas. No obstante, la mitad de tales conexiones se habrán desactivado cuando el niño haya cumplido los diez años.

Varios suspiros de exclamación se dejaron escuchar entre el público. El doctor Jiménez siguió adelante con su explicación:

—El cerebro dispone de periodos críticos durante los cuales las neuronas deben recibir cierto tipo de estimulación para desarrollar funciones tales como la vista, el lenguaje, el olfato, el control muscular, el raciocinio, la resolución de problemas e incluso la determinación de valores morales. Este proceso ocurre, fundamentalmente, en los tres primeros años de vida, edad en la cual queda terminada gran parte de la arquitectura primordial del cerebro. Y aun cuando el proceso es hasta cierto punto irreversible, hay un periodo de tolerancia hasta los doce.

Varios de los presentes empezaron a sentir una sensación de urgencia, percatándose de que verdaderamente, como reza el refrán, "el tiempo es oro", más aún en situaciones tan importantes como es el desarrollo neurológico de un pequeño. El doctor prosiguió.

—El alimento del cerebro es la educación. Gracias a ella, las personas incrementan sus facultades mentales, aunque no sólo eso. Se ha comprobado que la educación también incide en el bienestar psicológico y que actúa como una vacuna protectora contra las experiencias negativas, pues nos ayuda a advertir los peligros y actuar en consecuencia. Dar atención y cuidado a un niño durante sus primeros años influye de modo significativo en su capacidad reflexiva y de aprendizaje. Esto debido a que, en condiciones de salud, el cerebro se desarrolla en tanto que recibe un trato cálido y solícito por parte de un adulto significativo. Además, la labor del adulto en este periodo no requiere de gran sofisticación.

La audiencia aguardaba con interés la siguiente explicación.

—De hecho, uno de los métodos más sencillos para incrementar la inteligencia de un bebé es hablar con él. Conforme el pequeño crece, hay que ir concediendo importancia fundamental a su educación en áreas clave como lengua, música, matemáticas y resolución de problemas, tomando en consideración que el mejor momento para adquirir las bases de estas disciplinas es entre el primero y el duodécimo año de edad. Se ha descubierto que escuchar música clásica o jazz favorece el aprendizaje, porque ejercita algunos de los circuitos cerebrales que se necesitan para aprender matemáticas, lengua y otras disciplinas.

»Los datos que la doctora Ramos nos ha estado compartiendo son perfectamente correctos. El cerebro está ávido de experiencias estimulantes. En esta etapa de la vida, nuestros hijos requieren de nuestra guía amorosa para aprender una correcta expresión y comprensión del lenguaje oral. Más adelante deberemos irlos apoyando para que adquieran maestría en el manejo de la lengua escrita. Y si logramos desarrollar en ellos un gusto por la lectura, una buena capacidad de discernimiento y una voluntad bien dirigida, habremos contribuido con el mundo creando mejores seres humanos.

Y con estas palabras el doctor Jiménez terminó su intervención.

Evolución y lenguaje

El doctor Jiménez tenía muchos más conocimientos para compartir con los presentes, pero consideró que por el momento estos datos eran suficientes, de modo que, dirigiéndose a la doctora Ramos, exclamó:

—Doctora. Para mí es un placer escucharla, pues de modo sencillo y ameno sabe explicar conceptos que pudieran resultar un tanto áridos y complejos. Y aun cuando espero que mis aportaciones hayan sido útiles, creo que usted no necesita de mis comentarios para enriquecer su conferencia. Todo lo que nos ha compartido me parece de una pertinencia extraordinaria.

La doctora agradeció los cumplidos y retomó su discurso:

—En el cerebro existen distintas áreas involucradas con el lenguaje. A la fecha, los especialistas hablan de cinco áreas para el lenguaje oral que están perfectamente localizadas: una primera donde se oyen las palabras, una segunda donde éstas se recuerdan, otra más donde se comprende su significado, una cuarta donde se formula la respuesta verbal y, por último, una donde se expresa dicha respuesta. Además mencionan que aun cuando noventa por ciento de las personas diestras procesan el lenguaje en el hemisferio izquierdo, no ocurre a la inversa en el caso de los zurdos, pues sólo treinta por ciento de ellos procesan el lenguaje en el derecho. Por otro lado, señalan que hasta los siete años, la evidencia manifiesta que, si es preciso, el lenguaje puede desplazarse a las neuronas de uno u otro lado.

»A los seis meses de edad, un bebé ya ha aprendido los sonidos de su lengua materna y seis meses después ya atribuye significado a las palabras. Un bebé de ocho meses es capaz de identificar secuencias de sonidos que ya conoce y distinguirlas de otras que le son desconocidas, incluso si son palabras sin sentido que escuchó solamente durante dos minutos.

La especialista hizo una pausa y luego expresó:

—Me apasiona hablar de estos temas y podría seguir hablando de ellos durante horas, pero no debo perder de vista el objetivo de esta conferencia, de modo que quisiera volver mi atención hacia lo cotidiano, hacia lo que ustedes pueden hacer en casa, con el fin de apoyar a sus hijos en la adquisición del lenguaje. Un punto importante de mencionar es que no es conveniente que prolonguen el uso del biberón ni del chupón en sus niños después de los dos años. La presencia continua de éstos dentro de la boca impide que el pequeño aprenda a colocar la lengua en la postura correcta para pronunciar ciertas letras como la "d", la "t" y la "r". Esta incapacidad hace que su lenguaje se vuelva poco claro. ¿Cómo creen ustedes que se siente un niño que está tratando de aprender a hablar y que no logra hacerse entender?

—Frustrado— contestó uno de los presentes.

—En efecto. Se siente frustrado. Esto es inevitable —asintió la doctora—. El desarrollo normal se acompaña de muchas situaciones capaces de frustrarlo. ¿Para qué añadirle más frustración? Eso es lo que provoca nuestra ignorancia, cuando seguimos ofreciéndole biberón a nuestro hijo más allá de su segundo año de vida.

»A los cuatro años un niño debe ser capaz de articular los sonidos "t" y "d". Pero para pronunciarlos, debe haber descubierto la posición correcta de la lengua. Si sigue utilizando biberón, éste empujará su lengua hacia atrás, impidiéndole dar el sonido correcto, pues para pronunciar dichos sonidos o fonemas, la lengua debe ir hacia delante.

Muchos de los presentes comenzaron a repasar ciertos vocablos que sus hijos solían repetir y que, en efecto, sus padres tenían grandes dificultades en descifrar. La doctora continuó:

—Algunos niños sustituyen los fonemas "t" y "d" por el sonido "k". No será de extrañar que nadie entienda lo que quieren decir cuando pronuncien *keko* o *kako*. Cómo imaginar que con tales vocablos ellos pretenden referirse a su dedo o a un taco, respectivamente. ¿Y cómo diferenciar cuando pretendan decir taco o dado?

—¿Todos los niños pronuncian el sonido "k" en sustitución de "t" o "d"? —preguntó una señora.

—No. Algunos otros utilizan el sonido "y", dando lugar a palabras tales como *yayo* en vez de dado, por ejemplo.

—¿Qué otros errores ha detectado? —preguntó la señora Jiménez.

—Hay niños que sí pronuncian los fonemas "t" y la "d", pero los utilizan equivocadamente, pues los usan en sustitución del sonido "s".

—¿Qué tipo de palabras pronunciarían entonces? —preguntó.

—En lugar de silla, dirán *tilla*, y *cata*, en vez de casa.

—¡Vaya que será difícil entenderlos! –exclamó.

—Incluso cuando comienzan la terapia de lenguaje, hay un lapso en el cual su modo de hablar resulta bastante gracioso, porque al empezar a practicar y aprender ciertos fonemas, parece que quisieran emplearlos en todas las palabras.

—¿Cómo? —preguntó alguien más.

—Cuando trabajo con ellos la "t" y la "d", por ejemplo, empiezan a querer usarlas en todas las palabras. Entonces dirán *tama*, en lugar de cama, *tata*, en vez de taza, etcétera. Por eso yo acostumbro explicar a los papás que no se preocupen si sus hijos parecen no estar avanzando. Pasados unos quince días, su cerebro habrá sustituido determinadas conexiones neuronales por otras. Sólo entonces los niños serán capaces de pronunciar el fonema correcto, cuando su cerebro pueda discriminar si en su habla es pertinente cierta posición de la lengua o no lo es.

»En el aprendizaje de los sonidos "t" y "d", al principio yo pido a los niños que saquen su lengua. No es raro que luego quieran sacarla en todo momento, aunque las palabras que vayan a pronunciar no tengan dichos sonidos. Lo que entonces debemos hacer, y así lo indico a los padres, es corregir este nuevo defecto, indicándoles cuándo sí y cuándo no deben sacar la lengua al hablar.

Pensando en su hijo, un señor preguntó:

—¿Es correcto que a los cinco años los niños no pronuncien la "s"?

—Ya deberían poder pronunciarla —dijo la doctora—. Muchos de mis pacientes llegan al consultorio diciendo *epada* por espada, *catillo* por castillo, *coquillas* por cosquillas. Yo los preparo para que emitan el sonido "s" practicando el soplido con una vela imaginaria pero también puede haber ocasiones en que juguemos futbol en el consultorio, sólo que la pelota es una pequeña bolita de papel, y, en lugar de patearla, debemos moverla mediante soplidos, sobre la superficie de mi mesa de trabajo.

—¿Y cómo podemos ayudarlos a pronunciar la "r"? —preguntó alguien más.

—Para eso comenzamos con trompetillas —respondió la doctora.

Todos los presentes rieron, divertidos.

—¿Trompetillas?

Varios padres de familia se sorprendieron al percatarse de que ciertas prácticas de balbuceo infantil, aparentemente sin sentido, constituían etapas preparatorias para la adquisición del lenguaje.

—¿Existe algún orden de aparición de los distintos fonemas del lenguaje? —preguntó una mujer.

La doctora respondió:

—No existe un consenso en las investigaciones. En gran parte esto se debe al grupo de niños que son objeto de estudio en cada una de ellas. No obstante, sí existen algunos acuerdos. En general podemos decir que lo primero en aparecer son las vocales, seguidas de los fonemas "p", "m", "b", "k", "g", "j", tras los cuales surgen los sonidos "t", "d", "l", "ch", "s", "f" y "r", y por último las sílabas compuestas.

La doctora procedió a ampliar su explicación:

»En lo personal, lo primero que espero que aparezca en el lenguaje de los niños son las vocales. Lo común es que empiecen a hablar mediante sílabas que tengan, cuando menos, una de las vocales presentes en la palabra real. Luego hablarán con palabras de dos o más sílabas. Lo importante es que sepan detectar la sílaba que se pronuncia con más fuerza. Por eso, cuando los niños llegan al consultorio retrasados en su lenguaje, lo primero que hago es pedirles que den el tono adecuado a las palabras. O sea, que utilicen un cantadito, una tonadita o una entonación correcta. Ellos lo entienden muy bien, más aún si les demuestro cómo quiero que respondan. En este sentido, para expresar la palabra dame, inicialmente acepto que el niño diga *áme*, con énfasis en la "a", pero no consideraría correcta su respuesta si dijera *amé*, con énfasis en la letra "e". De igual manera, para decir caballo, acepto que diga *aáo*, con énfasis en la "a" central, pero no aceptaría que dijera *áao* o *aaó*, pues el cantadito, la tonadita, o entonación no sería la adecuada. Claro que sería mejor si lograran integrar alguna de las consonantes de la palabra, pero si esto no es posible por el momento, me conformo con el cantadito.

—Y después de la entonación adecuada, ¿qué sigue? —preguntó la señora Jiménez.

—Lo siguiente es trabajar las sílabas bilabiales; es decir, las que se articulan juntando ambos labios. Para lograrlo debemos cuidar que los niños cierren los labios cuando pronuncien palabras que tengan los sonidos "m", "p" y "b", pues de no hacerlo, no podrán articular dichos fonemas, y será muy difícil comprender lo que dicen.

—¿A qué edad debe ocurrir esto? —preguntó otro de los asistentes.

—Nuevamente las investigaciones difieren en este punto. No obstante, mi experiencia con los niños me ha conducido a esperar que ocurra a los dos o tres años. De este modo, enseñando al niño a cerrar los labios, para el enunciado Dame el caballo, obtendremos algo así como *ame abao*, una respuesta mucho más clara que *ae aao* ¿no les parece? O, bien, si antes el niño decía *anana* por manzana, lo animaremos a que nos imite cerrando los labios al inicio de la palabra, para que pueda pronunciar, cuando menos, *manana*. En ocasiones pido a los niños que, con sus deditos, junten sus labios. Esto facilita que puedan pronunciar correctamente el fonema en cuestión.

—¿No se aburren los niños?

—Todas las prácticas quedan integradas en el juego. Mientras jugamos, vamos nombrando distintos objetos. Cada vez que nombramos alguna palabra bilabial, cerramos los labios con un movimiento un tanto exagerado. Todo esto, con el fin de que el niño advierta la colocación correcta. Llegado este momento, el lenguaje empezará a ser más claro, pues ya escucharemos vocales y consonantes bilabiales.

—¿Y después?

—Lo siguiente es corregir sonidos posteriores tales como "k", "g" y "j". Muchos niños son capaces de emitir este sonido desde muy pequeños, pues estando acostados, su lengüita se retrae hacia atrás, y, al momento de jugar con su voz, fácilmente lo producen. Si faltara el sonido “k”, todavía sería difícil comprender lo que dicen, razón por la cual les enseño a empujar su lengua hacia atrás con su dedo índice, de modo que articulen dicho sonido. Muchos niños lo logran con facilidad, pero otros necesitan articular primero la “t”.

—¿Cómo procede con la mayoría? —preguntó la señora Jiménez.

—Después del sonido “k”, yo suelo trabajar los fonemas “d”, “t” y “l”, seguidos de “s”, “f” y “ch”, los cuales se articulan con salida de aire. Es mi costumbre dejar el fonema “r” para el final.

Ética laboral

Las preguntas se sucedían unas a otras. Los papás estaban ansiosos por aprender, y la maestra Larios se felicitó por haber propiciado esta reunión. Sus expectativas en torno a la conferencia habían sido ampliamente rebasadas. No obstante, tanto ella como la doctora Ramos pensaron que ya era suficiente para una noche. Les resultaba claro que tener a la mano algunos conocimientos ayudaría a los padres de familia a estimular el lenguaje en sus hijos pero, por otro lado, ninguna de ellas tenía el propósito de formar terapeutas de lenguaje al vapor. Cada cosa debe ir en su lugar. El cerebro es un órgano muy complejo y son muchos los factores que hacen posible la adquisición del lenguaje. Aunado a ello, se requieren muchos años de preparación académica para obtener el grado de terapeuta de lenguaje.

Uno de los objetivos primordiales de la conferencia había sido llamar la atención de los papás hacia el tema de los periodos sensibles o críticos del desarrollo infantil. Por ello antes de concluir su charla, la doctora Ramos se había preparado para narrar un par de experiencias más, esperando que cumplieran el cometido de advertir a los presentes sobre la seriedad de ciertas situaciones.

—Hace unos meses llegó a mi consultorio una jovencita de 21 años, quien nació con una deficiencia auditiva muy severa. Digamos que se llama Sonia, aunque en realidad ese no es su nombre. Desde que era pequeña, los especialistas indicaron a sus padres que la niña debería usar un auxiliar auditivo. Este consiste en un aparato especialmente diseñado para ayudar a personas que oyen menos de lo normal, también denominadas hipoacúsicas. Con grandes sacrificios, los papás de Sonia lograron reunir el dinero necesario para comprar el auxiliar, pero pronto descubrieron que dichos esfuerzos habían sido insuficientes. La pequeña Sonia se negó a usarlo. Durante muchas semanas, padres e hija libraron una batalla campal en casa. Dado que era pequeña, no era consciente de la importancia del auxiliar, y sus padres no supieron insistir en la necesidad de usarlo. Seguramente el aparato resultaba un tanto incómodo para la chiquita, y ella mostró su indisposición con accesos de llanto y berrinches incontrolables. Esto provocó que sus padres cedieran al capricho de la menor y dejaran el auxiliar en el olvido, optando en cambio por un lenguaje de señas, que le permitió una forma de comunicación.

La doctora Ramos prosiguió con su relato:

—Aprendemos a hablar a través de la imitación, aunque no sólo así. Por ello, para adquirir el lenguaje en forma natural, es requisito que seamos capaces de escuchar. Hay niños con audición disminuida que los demás suponen mudos, porque no pronuncian palabra alguna. No obstante, la experiencia ha demostrado que serán capaces de hablar, si reciben oportunamente una guía adecuada. La oportunidad tiene que ver con los periodos críticos de desarrollo de los que ya hemos hablado. Sonia fue creciendo y llegó el día en que rebasó el momento propicio para la adquisición del lenguaje oral. Hoy por hoy, sólo sabe comunicarse mediante señas, sin embargo, quisiera aprender a hacerlo oralmente, pues ha conocido a un muchacho. Por eso acudió a mi consultorio. "Quiere tener novio", me dijo su madre. "Quiere poder hablar con él".

»¡Qué decirle a Sonia! Cómo ahogar sus sueños, cómo situarla en la realidad, cómo explicarle que nunca será capaz de hablar. Aunque, por otro lado, algunos especialistas manifiestan que el lenguaje de señas es perfectamente adecuado y aceptable para personas hipoacúsicas, y que no deberíamos empujarlas a adquirir otro tipo de lenguaje.

»En realidad el tema de la pérdida auditiva rebasa los objetivos de esta charla. Hay muchos factores que deben ser tomados en cuenta para planear su tratamiento, que por lo general dura entre dos y cuatro años de terapia formal aunado a un apoyo constante hasta la madurez por parte de los padres. Para estos casos, debe considerarse, por ejemplo, si a la hipoacusia se agregan otros problemas neurológicos. Dependiendo del problema que presente el paciente, se podrá elegir entre el método de lectura labiofacial; el auditivo oral, que es el que yo manejo; o el manual, mejor conocido como lenguaje de señas.

»Me gustaría compartirles el caso de otro niño. Todavía está dentro del periodo de gracia, pero... ¡hay pocas esperanzas para él!

El público aguardaba. La doctora siguió adelante con su relato:

—Lo llamaré Agustín. Llegó a mi consultorio por recomendación de su tía, cuyo hijo atendí con éxito y di de alta tiempo atrás. Hace un año la madre de Agustín trajo a su hijo a consulta por primera vez. Yo trabajé con el niño en el consultorio, pero la señora nunca estuvo dispuesta a cooperar, a pesar de que le indiqué la importancia del apoyo en casa poniendo en práctica los ejercicios indicados para su hijo. Tampoco quiso permanecer en las sesiones, observando cómo yo trabajaba con el chico. Aparentemente su expectativa era simplemente cumplir con traer a Agustín al consultorio. Pero así no funcionan las cosas. Estuvo en tratamiento unas cuantas sesiones y luego desapareció.

La doctora terminó:

—Ahora, después de un año, su madre me ha traído a Agustín de regreso. El chico es un año mayor, pero su deficiencia de lenguaje continúa igual que el anterior. Es imposible esperar cambios favorables, si fuera del consultorio nadie refuerza los aciertos del niño o lo corrige cuando articula mal las palabras. Él puede tener un buen desempeño en sus sesiones, trabajar divinamente y realizar cada una de las tareas que yo le indico, pero los cambios ocurren con la repetición. Si comete errores fuera de la sesión y nadie le dice cómo colocar la lengua, ¿cómo va su cerebro a formar las redes neuronales adecuadas? La mamá no ha entendido lo fundamental que es su apoyo. No se compromete. Así las cosas, la única forma como se me ocurre poder ayudar a Agustín es recibiéndolo en el consultorio todos los días, aunque quizás incluso eso sea insuficiente.

»Tengo noticia de clínicas especializadas que reciben a los pacientes a diario, o dos o tres veces por semana, y les ofrecen incluso tratamientos más complejos, pues a la terapia de lenguaje añaden terapia motriz fina y gruesa, ejercicios de ritmo, entrenamiento auditivo y otras actividades. Yo prefiero involucrar a la familia, de modo que lleven a cabo este tipo de prácticas en casa. Sin embargo comprendo que esto no es posible para todos los casos, porque en ocasiones por razones diversas, la dinámica familiar no es propicia para ello. Entonces trato de estirar mi agenda a fin de poder ver a este tipo de pacientes varias veces durante la semana.

La doctora Ramos se despidió de la audiencia diciendo:

—La maestra Larios siempre está y estará al pendiente de la evolución de sus alumnos durante sus años de permanencia en el jardín de niños. No echen en saco roto sus indicaciones. En ocasiones, cuando ha detectado pequeños defectos en el lenguaje de sus hijos, me ha pedido venir a trabajar con ellos durante la jornada escolar. No obstante, si llegáramos a advertir que esta práctica les resulta insuficiente, lo reportaremos a ustedes y les sugeriremos un tratamiento más especializado, como el que realizo en el consultorio. Estoy a sus órdenes.

El grupo de papás quedó sumamente satisfecho con la plática. Muchos de los presentes se acercaron a la doctora Ramos para agradecerle su participación y preguntarle alguna que otra duda más personal. Ella atendió a todos con amabilidad, como era su estilo habitual. Por último se acercó una mujer, quien le dijo:

—Soy Mariana Vélez, mamá de Mariana. Me gustaría que la viera en su consultorio. ¿Cuándo tiene un espacio libre en su agenda?

La doctora aceptó ver a la chiquita el jueves siguiente. Por fortuna, su problemática resultaba bastante sencilla de tratar. Ésta era su situación:

Mariana era una pequeña de cuatro años que todavía utilizaba biberón a la hora de dormir. Aun cuando este hecho no afecta a todos los niños por igual, en el caso de Mariana la presencia del chupón en su boca le estaba impidiendo aprender a emitir el sonido “d” o “t”. Y dado que este fue uno de los temas abordados en su plática reciente, la señora Vélez no dudó en acudir a la doctora Ramos en busca de ayuda, más aun porque acababa de iniciar su preparación como terapeuta de lenguaje, y la intervención de la doctora la había dejado gratamente impresionada.

—¿Da usted supervisión individual a terapeutas? —le preguntó durante la consulta.

—Sí —respondió la doctora. También doy talleres de entrenamiento en grupo.

—Me gustaría participar en alguno. Pero si no tiene ninguno en puerta, ¿podría venir a supervisión?

—Claro. Podemos iniciar con los ejercicios que Mariana necesita. Y, en vista de que usted ya está comenzando su formación, podré extenderme en mis explicaciones —respondió la doctora, quien, mirando a la niña, dijo:

—A ver, Mariana. Quiero que te fijes en este dibujo, donde puedes ver una boca por dentro y una lengua. Lo que tú estás haciendo es colocar tu lengua así —explicó, señalando en el esquema el punto de articulación de la niña, con la lengua hacia atrás. Luego añadió:

—Para aprender a decir palabras que tengan el sonido “t” o “d”, voy a pedirte que saques tu lengua al hablar. Mira cómo lo hago.

La doctora exageró el movimiento a fin de que la

pequeña advirtiera la colocación de la lengua fuera de la boca, entre los labios, y dijo:

—Dado, dedo, Teté, todo.

La niña rió de buena gana y sacó su lengua. Entonces la doctora le dio indicaciones para que fueran tomando turnos. Tras cada palabra mencionada por la doctora, la niña debía imitarla y repetir el vocablo. Resultaba verdaderamente simpático ver a la pequeña hablar mordiéndose su lengua al tiempo que permanecía con los ojos desorbitados.

Ambas mujeres felicitaron a la niña por su desempeño. Y mientras repetían el ejercicio una y otra vez añadiendo nuevas palabras con los sonidos "t" y "d", la madre de Mariana no tuvo reparo alguno en intercalar su conversación para comentar:

—En la conferencia del otro día, usted habló de los niños que no pronuncian los fonemas "t" y "d" y los sustituyen por el sonido "k", como hace mi hija. Pero también dijo que en algunos otros niños ocurre justo lo contrario. ¿De modo que cada caso es individual? ¿No existe un protocolo de terapia que sea uniforme para todos los niños?

—No puede darse una lista de indicaciones que sea única e invariable. En la adquisición del lenguaje hay ciertos principios fundamentales, pero hay muchas variables posibles.

—¿Qué hacer cuando pronuncian la "t" pero no la "k"?

—Les pido que articulen la "t" y luego les doy

instrucciones para que, con su dedito, empujen su lengua hacia atrás, aunque en ocasiones yo los ayudo suavemente con un abate lenguas. Al hacer esto necesariamente brota la "k". Entonces empezamos a incluir este sonido en palabras tanto al inicio como en medio de palabras, e incluso jugamos a hacer el ruido de un reloj, a fin de que el niño utilice el nuevo fonema diciendo por ejemplo *tic tac, tic tac*. Luego jugamos al tigre y al león y rugimos con sonido "ggg" o "jjjjj".

Ya para terminar la sesión, la doctora miró a Mariana y le pidió que repitiera nuevas palabras, dando oportunidad para que la niña intercalara su respuesta entre cada una de ellas:

—Tonto, tanto, donde, dando —dijo la doctora.

—Tonto, tanto, donde, dando —repitió la pequeña, pronunciando las palabras mordiéndose la lengua entre los labios.

Antes de despedirse, la doctora dio una última advertencia a la señora:

—No se preocupe si Mariana empieza a querer sacar la lengua para decir palabras que no llevan ni "t" ni "d". Es normal. Sólo indíquele con cuáles debe hacerlo y con cuáles no. Más adelante aprenderá a pronunciarlas sin necesidad de sacar la lengua. Por ahora es importante que lo haga, para que tome conciencia de los puntos y modos de articulación de dichos fonemas.

Tips de consultorio

Pasados unos días, la señora Vélez llamó a la doctora solicitándole una cita para supervisión. Se presentó entonces sin su hija en el consultorio.

—¿Cómo va Mariana? —preguntó la terapeuta.

—Tal y como usted lo anunció. Ahora quiere meter el sonido "t" o "d" en palabras que no lo llevan. Pero sé que hay que darle tiempo al tiempo. No tenemos prisa. Así que yo simplemente corrijo sus errores y alabo sus éxitos.

—Muy bien —respondió la doctora, quien añadió—: ¿sobre qué le gustaría hablar en esta hora de supervisión?

—Me interesa saber cuándo es oportuno ir introduciendo verbos y otras palabras en el vocabulario de los niños —señaló.

—A los tres años, los niños ya deben estar utilizando verbos y pequeños enunciados. Por ello continuamente debemos animarlos a que los utilicen. Si jugamos a la casita, no sólo nombraremos cada mueble que vayamos incluyendo en el juego, sino que daremos órdenes y expresaremos acciones. Por ejemplo, en mis sesiones de terapia, cada vez que saco un elemento nuevo, solicitaré que el niño lo pida no sólo con voz, sino que utilice verbos y forme oraciones simples. En la conferencia les expliqué cómo pido que el niño diga *am* o *ame*. Para estimular la aparición de verbos y enunciados más elaborados, le digo: "Ah, tú quieres este muñeco" o lo que esté pidiendo. Si lo que desea es la silla, intento que me diga *ame illa*. Le entrego la silla, y entonces damos la orden a un muñeco para que se siente en la silla, acompañando las palabras con ademanes.

La doctora prosiguió:

—Si sacamos una bañera, exclamamos: "¡A bañar!" El niño imita la orden y, dependiendo de su edad, dirá algo semejante a *añañá*. Entonces metemos el muñeco a la bañera. La creatividad en el juego no tiene límites. Podemos nombrar todo lo que hacemos y los nombres de los objetos que estamos utilizando, a la vez que animamos al niño a intervenir repitiendo lo que vamos diciendo o lo invitamos a que sea espontáneo y nombre y exprese acciones.

La señora Vélez repasó algunos conceptos:

—Con más o menos variantes, el camino que usted recorre con los niños que presentan retraso generalizado en el lenguaje es jugar con ellos manteniendo determinadas metas en la mente. Primero persigue en las palabras el tono adecuado y las vocales. Luego enseña a los niños a juntar sus labios para pronunciar "m", "p" y "b", tras lo cual busca los fonemas "k", "g" y "j", indicándoles que hagan su lengua hacia atrás. Después persigue la "t" o la "d", la que les sea más fácil, pidiéndoles que saquen su lengüita. ¿Voy bien?

—Así es. Siempre con una actitud lúdica.

—¿Lúdica? —preguntó la señora.

—Lúdico o de juego —respondió la doctora, quien añadió—: Siempre juego con los niños, pero al llegar a este punto del tratamiento, hago mucho énfasis para que se hagan conscientes del punto y modo de articulación para bilabiales ("m", "p", "b"), sonidos posteriores ("k", "g", "j") y lengua afuera ("t", "d"). Si jugamos a la granja o a la casita, espero escuchar un vaca *étate*, por vaca siéntate; *cabao* toma *aba* o *cabao* toma *gua-gua*, por caballo toma agua, aunque no siempre, pues algunos niños presentan dificultades para pronunciar los diptongos. También podré obtener un Mamá *ve come manana*, por Mamá ven y come una manzana; *Qué vano a bucá*, por Qué vamos a buscar; Gato *ta domido*, por El gato está dormido; *Úbete avón*, por Súbete al avión, etcétera.

La señora prosiguió con su indagación:

—¿Qué es lo que habitualmente enseña a los niños una vez logrado lo anterior?

—Por lo común continúo con el fonema "l". Para ello les muestro cómo coloco la lengua haciéndola como una cuchara con la punta hacia arriba y la apoyo en la cara posterior de los dientes incisivos

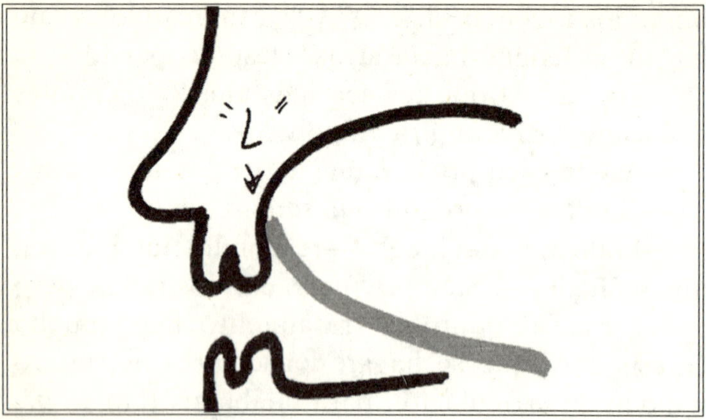

superiores, dejando un ligero espacio a ambos lados, a fin de que salga el aire lateralmente y surja el sonido “l”. Incluimos palabras con “l” inicial e intermedia. Entonces empezaré a escuchar enunciados como *Esede luz lápala*, por Enciende la luz de la lámpara, porque comúnmente tienen dificultad para juntar dos consonantes, a pesar de que ya pueden articular el sonido “m”; pero si les pido que hablen lentamente y separando un poco las sílabas, tal vez logren decir: *En-sen-de* luz *lám-pa-la*.

—¿Y qué sigue después? —preguntó la señora Vélez.

—Lo siguiente es poner atención a sonidos donde se saca aire al hablar, como “s”, “f” y “ch”, para lo cual primero jugamos a soplar y, si no hay dificultad al hacerlo, pido al niño que cierre la boca y me muestre sus dientes, al tiempo que sopla. Así necesariamente produce una "s". Luego le pido que se muerda el labio inferior y sople, lo cual da origen al sonido "f". Inmediatamente incluimos estos sonidos en el juego. Para el sonido "ch", al igual que con los demás fonemas, hay distintos ejercicios posibles de realizar.

—¿Aprenden enseguida y sin problemas?

—No siempre. Algunos niños tienen dificultad con la "s" al final de la palabra, por lo que comienzo corrigiéndoles palabras con "s" inicial e intermedia; por ejemplo, las palabras silla o casa. Para lograrlo, es muy factible que tenga que exagerar la "s", alargándola en tiempo de producción, a fin de que el niño la advierta y pronuncie. En el caso de la palabra silla, si el pequeño aún no adquiere la "ll", acepto que diga sía. Una vez que hemos trabajado la "ese" inicial, intermedia y final, el niño podrá pronunciar palabras tales como sopa, peso y dos. Así, si antes decía *oto*, ahora espero escuchar ossso. Si decía *ía*, ahora dirá *sssía*; si decía *cata*, ahora espero que diga casssa. Antes pedía *ma*, ahora dice másss. La "s" junto a consonante la enseño más adelante.

—No cabe duda que lo fundamental es proceder en forma gradual —señaló la señora—. Conforme los niños van manifestando cierto progreso, el tratamiento se va haciendo más complejo.

—Sí —asintió la doctora, quien agregó—: El juego se va haciendo cada vez más enriquecedor.

Si en un principio nombrábamos objetos y dábamos órdenes; ahora podemos describir los objetos de acuerdo con su color, su utilidad o función y las partes que lo conforman. Entonces, al sacar los animales del zoológico, por ejemplo, no sólo los nombramos, sino que podemos anticipar cuál aparecerá, utilizando una adivinanza. Digo al niño: "Fíjate bien. Voy a sacar un animal. Es gris, grande y gordo, tiene una larga trompa y grandes orejas. ¿Qué es?" El niño, que ya conoce los personajes del circo y que está acostumbrado a este tipo de ejercicios, fácilmente adivinará y, dependiendo de su desarrollo, quizá diga *etate* o algo equivalente a elefante. Yo refuerzo su respuesta correcta, le entrego el elefante, y continúo de manera similar con el resto de los animales. Luego jugamos con ellos, les damos de comer, los bañamos, los llevamos a dormir, etcétera.

La señora Vélez confirmó lo mucho que podría ayudar a su hija y a sus futuros pacientes dedicándose a jugar con ellos. Reconoció que antes de iniciar sus estudios como terapeuta, había esperado que la pequeña Mariana se entretuviera sola en casa e incluso confesó que en ocasiones abusó de la televisión. Pero ahora reafirmó las ventajas del juego y anticipó que jugando juntas se mejoraría enormemente su convivencia y comunicación.

La doctora se percató de que la mujer reflexionaba, y le preguntó:

—¿Demasiada información?

—No en realidad. Me ayuda el hecho de que ya he visto mucho de esto en clase —respondió—. Me apasiona ver cómo evoluciona el lenguaje. ¿Qué otro tipo de enunciados construye un niño en esta etapa?

—Puede decir palmetas por palmeras; *cocoílo*, en lugar de cocodrilo; *bodego*, en vez de borrego; una manzana de *Catallebes*, en sustitución de una manzana de Blanca Nieves; *unisome*, por uniforme; un avión que *vola*, por un avión que vuela; *vamo a ve a columpo*, en vez de vamos a ver el columpio. Por otro lado, es normal que vaya corrigiendo algunos fonemas y omitiendo o sustituyendo otros ya anteriormente trabajados.

—¡Vaya que se necesita práctica y constancia para que integre todo lo que se le va enseñando! —exclamó la señora—. En la escuela nos han recalcado mucho que, de acuerdo con la edad del paciente, sabremos qué tipo de respuestas esperar y cuáles estimular.

—De hecho, así es —asintió la doctora—. Si me traen a consulta a un niño de tres años porque no habla, yo le daré un tratamiento adecuado para conducirlo a desarrollar un lenguaje acorde con su edad. Esto significa que no debo esperar que con tan sólo tres años sea capaz de articular la "r". También puedo suponer que tendrá dificultades para pronunciar sílabas compuestas que comprometan la “r” y la “l”, o para articular el fonema “n” junto a una consonante, y posiblemente también omita la “d”. Así que no debo forzarlo o exigirle más allá de sus capacidades. En cambio, sí debo empujarlo a que se exprese con ideas completas. Por otro lado, si el paciente ya hubiera cumplido los cuatro años, debería ser capaz de pronunciar la “t” y la “d”, y a los seis o siete, debe estar usando correctamente la “r”.

—Me queda claro que sin estos conocimientos, uno puede guiar mal a un chiquito con dificultades de lenguaje —señaló la señora Vélez, quien añadió—: He aprendido que los niños de tres años ya deben estar usando artículos, conjunciones y preposiciones.

—Sí. Y pueden construir enunciados con distintos tiempos verbales, aunque es común que conjuguen los verbos irregulares como si fueran regulares.

—Eso mismo le pasó a mi hija. Hace un año, cuando tenía tres, decía yo *vía* por yo veía o yo *ero* en lugar de yo soy. Pero eso lo corrigió prácticamente solita. Por otro lado, siempre parecía deseosa de participar en el diálogo, con el inconveniente de que nos era muy difícil entenderle, debido a su incapacidad de pronunciar la “t” y la “d”.

—Afortunadamente eso ya lo está superando —recordó la doctora Ramos—. Y como a su edad ya es común que haya integrado las reglas de la gramática, pronto la verá expresándose con bastante precisión.

La terapeuta añadió:

—El desarrollo del lenguaje no va siempre hacia delante. Es normal que haya retrocesos. Por eso un niño que ya utilizaba correctamente la "d", de pronto puede comenzar a sustituirla por un fonema adquirido posteriormente, como por ejemplo la "l". Entonces podrá decir *lentes*, en lugar de dientes o *lelos*, en vez de dedos. Y si aún no cumple los cuatro, probablemente dirá *olejas*, por orejas.

Más historias que contar

La consulta prosiguió. Por lo visto, la señora Vélez quería aprovechar cada minuto de su entrevista.

—¿Cuál ha sido su tiempo mínimo en dar tratamiento a un niño con problemas de lenguaje?

—Todo depende de la edad y del tipo de problema que presente. Con algunos niños he logrado resultados favorables en escasos dos meses. Con otros trabajo desde seis meses hasta un año. También dependemos del apoyo que los padres den en casa al tratamiento. Cuando son efectivos en las correcciones que hacen a sus hijos, el avance es muy evidente. Entonces puedo asesorarlos acerca de qué puntos trabajar. Así, los evalúo cada mes o mes y medio. Pero, como antes le dije, cada situación es diferente. He tenido casos mucho más severos donde el tratamiento se ha prolongado hasta cuatro años.

—¿Podría hablarme de alguno? —interrogó la señora, cada vez más interesada en el tema.

—Tuve en terapia a un paciente que nació prematuro. A pesar de que logró sobrevivir, al poco tiempo se manifestaron las consecuencias de su inmadurez. Presentaba daños en el equilibrio y coordinación motriz gruesa y fina, además de pérdida auditiva. Cuando este niño, a quien llamaré Manuel, tenía dos años, los médicos indicaron a su mamá que medicara al niño y le enseñara lenguaje de señas porque nunca hablaría. Llegó a mi consultorio a la edad de tres años. En aquel entonces carecía de lenguaje oral: se expresaba con gestos, ruidos y señas. Perdía el equilibrio con facilidad, por lo cual se caía constantemente de su sillita. Tampoco era capaz de sostener su atención más de cinco minutos. El tratamiento que le di, en gran medida, fue monitoreado a distancia, pues no vivía en la ciudad. La madre trabajaba con el niño en casa y venían a verme cada mes o mes y medio, a fin de que yo evaluara su avance y les diera nuevas indicaciones.

»A la fecha Manuel tiene 12 años, asiste a una escuela secundaria normal, habla, lee y escribe como cualquier niño de su edad, compite en bicicross, juega ajedrez y conversa en forma natural con cualquier persona que le hable, incluso estando de espaldas, de manera que no necesita hacer lectura de labios ni nada por el estilo.

—¿Cómo logró enseñarle todo eso?

—El mérito no es todo mío —respondió la terapeuta—. Manuel y su madre han tenido mucho que ver en la evolución favorable. Siempre estuvieron dispuestos a practicar en casa los ejercicios que les indicaba. ¡Y vaya que hubo tiempos difíciles! Con gusto daría yo una medalla a esa señora. Sin su apoyo, Manuel y yo jamás habríamos obtenido los resultados alcanzados.

La señora Vélez aceptó que hay de problemas a problemas: ayudar a pacientes con dificultades mayores exigiría de su parte toda su dedicación y vocación de servicio. Por el momento se conformaba con tener respuesta a interrogantes más simples. Entonces planteó lo siguiente.

—En la escuela algunos maestros nos han comentado sobre niños que sustituyen el fonema "e" por "a". De hecho yo conocí a un chico que decía *parro* en lugar de perro. ¿Qué tan común es esto?

—En todos mis años de experiencia como terapeuta de lenguaje, solamente he tenido tres pacientes que presentaban este problema. Se debe a un mal hábito en el empleo de la boca al articular uno u otro fonema. Para pronunciar la "a", es

necesario colocar la lengua en reposo abajo, en el piso de la boca mientras ésta permanece abierta. Para articular la "e", la boca debe ir prácticamente cerrada y estirada hacia los lados, como esbozando una sonrisa. La lengua se mantiene abajo, atrás de los dientes, y la boca se deja entrecerrada. Después de varias repeticiones, se forma el hábito de no abrir la boca más de lo debido. En ocasiones, cuando los niños tienen dificultad para pronunciar este fonema, les pido que se muerdan la lengua y sonrían, mientras repiten la "e". O también puedo sugerirles que cierren su boca mordiéndose el dedo índice mientras pronuncian el fonema. Esto permite que dejen salir el aire, lo cual es necesario para emitir el sonido.

—Parece que el tema no tuviera fin —exclamó la señora Vélez—. ¡Hay tantos detalles que considerar!

—Pues sí. Cada fonema debe corregirse de acuerdo con su punto y modo de articulación. Para cada problema hay ejercicios especiales. En general son muy sencillos, pero hay que saber cuáles aplicar, dependiendo de la dificultad específica y de la edad del niño en cuestión.

—Lo que nos han dicho en la escuela es que los fonemas que con mayor frecuencia se dificultan son la "s" y la "r" ¿Es eso verdad?

—En efecto. Lo mejor de todo es que los papás pueden hacer mucho por ayudar a sus hijos cuando presentan este tipo de dislalias.

—Conozco el término. Las dislalias son las fallas de los puntos de articulación correspondientes a los fonemas. Es lo que le pasa a mi hija con su problema para pronunciar "d" y "t", ¿cierto?

—Sí. Existen puntos de articulación que se ven afectados a menudo, mientras que otros se comprometen rara vez. Ya mencionó usted la frecuente ocurrencia de error en los fonemas "s" y "r". En cambio las fallas en el fonema "p" y los sonidos "k", "g" y "j" se presentan escasamente.

—¿Hay distintos tipos de dislalias?

—Sí. El hablar con poca claridad es un síntoma, detrás del cual hay una multitud de posibles causas, desde un daño en el cerebro hasta un simple mal hábito. Sobre este último punto procuro dirigir la atención de los padres de familia, porque su oportuna y adecuada guía en casa resulta fundamental para evitar problemas mayores en sus hijos.

—¿Este tipo de dislalias posee algún nombre en específico?

—Las dislalias ocasionadas por malos hábitos se denominan dislalias funcionales. Y como antes señalé, si se tratan a su debido tiempo, son bastante sencillas de superar.

—¿Por qué se hace tanto énfasis en el tiempo crítico o propicio para adquirir el lenguaje? ¿Hay algo que sí pueda corregirse pasado ese momento?

—Cuando un órgano, músculo o célula no realiza su trabajo, tiende a atrofiarse. Los problemas resultantes pueden ser más o menos severos, de acuerdo con la estructura o función de la cual estemos hablando. Gran parte de la articulación del lenguaje puede ser corregida pasados los ocho años. Lo que no se consigue mejorar es la calidad del lenguaje, es decir, la manera en que se construyen los enunciados. Hay estudios sobre niños que han crecido solos en la selva, a semejanza del conocido personaje de Tarzán. Si se les encuentra después de los ocho años, es posible enseñarles unas cuantas palabras de vocabulario, pero su manejo del lenguaje será muy rudimentario, prácticamente telegráfico.

—¿Esto pasa porque les faltó tener un modelo que imitar?

—Ciertamente faltó el elemento de la imitación, aunque esto no es lo único que se requiere para adquirir el lenguaje. En realidad una buena parte de la gramática está registrada en nuestro cerebro. Por ejemplo, tenemos registros cerebrales relacionados con una determinada manera de acomodar los enunciados, y esto puede observarse en todos los idiomas: siempre se integran los sustantivos y los verbos, aunque varíe su orden de colocación. Las formas de acomodo de las palabras constituyen reglas gramaticales que los bebés aprenden al estar inmersos en un medio familiar o social.

—¿Por eso conjugan los verbos irregulares como si fueran regulares?

—Así es. Cuando un niño construye los verbos de esta manera, podemos saber que ya aprendió la regla de la conjugación de los verbos. Y a pesar de que muchos piensen que todo el lenguaje se aprende por imitación, esto no es verdad. Los niños aprenden a generar lenguaje a partir de ciertas reglas básicas de gramática que aprenden de la forma como hablan sus padres.

—¿Generan su propio lenguaje?

—Sí. A partir del lenguaje de sus padres, extraen ciertos principios o reglas de construcción.

—¿Es como si a fuerza de escuchar las cosas una y otra vez ellos concluyeran acerca de la existencia de un principio rector?

—Sí. Y cuando los papás construyen o estructuran mal sus oraciones, los niños llegan a conclusiones incorrectas y aprenden mal la gramática.

—Entonces ¿cuál es la parte del lenguaje que sí se aprende por imitación?

—El vocabulario y la entonación. Aquí es donde la educación pretende insistir en las llamadas "palabras mágicas", como por favor y gracias. Entonces los padres buscarán que sus hijos aprendan a decir Dame agua por favor, en lugar de un simple y descortés Quiero agua. Sin embargo, ambos enunciados son gramaticalmente correctos.

—Porque el niño ya concluyó sobre las reglas adecuadas de construcción. —La señora Vélez retomó un concepto que la doctora había mencionado y preguntó—. ¿Qué puede hacerse cuando un niño habla mediante un lenguaje telegráfico?

—Hay que evaluar el caso. Si ya rebasó el periodo crítico para la adquisición del lenguaje, como antes dije, ya nada puede hacerse. Pero si es un niño pequeño, digamos de cinco años, a quien le ha faltado estimulación en casa, lo que debemos hacer es trabajar su memoria secuencial auditiva de palabras.

—¿Cómo se procede?

—Cuando ya hemos logrado que diga varias palabras aisladas, empezamos a empujar al niño a formar enunciados completos, con sus distintos elementos dispuestos en un orden gramaticalmente correcto. Así, por ejemplo, llevando a cabo las actividades planeadas para el consultorio, no permitiré que diga simplemente caballo, cuando desee obtenerlo o mostrarlo. Ahora deberá decir: Por favor dame un caballo, o Quiero una vaca, o Mira este borrego.

La doctora Ramos miró el reloj. Ya había transcurrido casi una hora desde que la señora Vélez llegó, de modo que preparó la despedida. Como parte de la supervisión terapéutica, debía enseñar a su discípula a saber terminar una sesión, de modo que no tuvo dificultad alguna en mostrarle, en vivo, cómo hacerlo.

—Hablar de estos temas resulta apasionante ¿no es así? Pero ya es suficiente por hoy. La espero la próxima semana con Mariana. Si realizan puntualmente los ejercicios asignados, espero encontrar en ella grandes avances. Por otro lado, con gusto programaremos otra cita para supervisión.

La señora expresó su agradecimiento y compartió con la doctora un sentimiento profundo.

—Me siento feliz de haber comenzado mi formación. En realidad todo lo que he ido aprendiendo me entusiasma enormemente, máxime al advertir lo mucho que podré ayudar a mis hijos y a tantos niños. Pocas cosas me hacen sentir mejor que ser útil a los demás.

—Me alegra oír eso —respondió la doctora—, pues en esta especialidad se requiere mucha vocación.

La terapeuta se levantó de su asiento en inequívoca señal de despedida. La señora Vélez comprendió el mensaje, de modo que también se puso de pie. Pagó la consulta, agradeció la entrevista y se despidió.

—¿Podríamos hablar otro día sobre los problemas de audición? —preguntó al salir.

—Con gusto —dijo la doctora— es mi tema favorito. Prepare sus preguntas y las abordaremos lo antes posible.

La doctora Ramos despidió a la señora con palabras que al mismo tiempo implicaban un buen recibimiento y una cálida aceptación.

—¡Bienvenida al gremio!

Esta edición se imprimió en Julio de 2009 Impre Imagen
José María Morelos y Pavón Mz 5 Lt 1 Ecatepec Edo de México.